Soy
una mujer
holística

Soy
una mujer
holística
María José
Flaqué

VERGARA

Soy una mujer holística

Primera edición en Colombia: octubre, 2017
Primera edición en México: noviembre, 2018
Primera reimpresión: diciembre, 2018
Segunda reimpresión: febrero, 2019

D. R. © 2017, María José Flaqué

D. R. © 2017, de la presente edición en castellano para todo el mundo:
Penguin Random House Grupo Editorial, S. A. S.
Cra. 5a. A No. 34-A-09, Bogotá, D. C., Colombia
PBX (57-1) 7430700
www.megustaleer.com.co

D. R. © 2019, derechos de edición mundiales en lengua castellana:
Penguin Random House Grupo Editorial, S. A. de C. V.
Blvd. Miguel de Cervantes Saavedra núm. 301, 1er piso,
colonia Granada, delegación Miguel Hidalgo, C. P. 11520,
Ciudad de México

www.megustaleer.mx

ISBN: 978-607-317-182-3

Impreso en México – *Printed in Mexico*

El papel utilizado para la impresión de este libro ha sido fabricado a partir de madera procedente
de bosques y plantaciones gestionadas con los más altos estándares ambientales, garantizando
una explotación de los recursos sostenible con el medio ambiente y beneficiosa para las personas.

Penguin
Random House
Grupo Editorial

Contenido

Capítulo 3: Soñar en grande

Capítulo 4: Soltemos lo que limita los sueños

Prólogo

Creo firmemente que todo pasa en esta vida por una razón, pero sobre todo, por una buena razón y, seguramente, fue eso lo que me llevó a escribir el prólogo de este libro. En este espacio quiero compartirte cómo me convertí en una mujer holística para introducirte en este manual de crecimiento.

Vivo en un constante aprendizaje de mí misma. Hasta hace poco tiempo vivía preguntándome: ¿por qué sucedió tal o cual cosa? Pero un día decidí transformar mi pregunta en un ¿para qué sucedió? Y eso me ha liberado de muchas historias mentales que se quedan en eso: historias. Nuestra mente vuela y empieza a inventar, culpar, etiquetar o juzgar porque es lo que mejor sabe hacer y, que quede claro, no pretendo cambiarla, pretendo solo observarla. A veces no me sale tan bien como quisiera, pero bueno, de eso se trata este juego de la vida: de aprender y seguir aprendiendo. Todos estamos en un proceso de aprendizaje diferente y por eso actuamos como actuamos. Justamente en eso se basa mi concepto personal de compasión y empatía.

A lo largo de mi vida me he sentido atraída por todas las cuestiones de crecimiento y desarrollo espiritual sin saber realmente por qué. Desde que tengo memoria tuve conciencia de la Gran Presencia que siempre camina conmigo (y con todos, claro) y me considero absoluta y devota creyente de Dios, Creador, Divinidad, Ser Supremo, Universo o como cada quien se sienta más cómodo llamándole. Desde que era niña siempre me cuestioné todo. Absolutamente todo. Mi duda principal era Dios y su presencia en mi vida. Estuve once años en un colegio religioso y orar era mi día a día. Sin embargo, allí se hablaba de Dios como un señor de barba blanca, inalcanzable, que continuamente repasaba la lista de lo que se debía hacer y lo que no y siempre te vigilaba para ver por cuál pecado castigarte más severamente. Ahora entiendo "para qué" estuve tanto tiempo ahí: para que estos conceptos y mi fe evolucionaran junto conmigo, ya que esta siempre ha estado presente y me ha acompañado a lo largo de toda mi vida. Si de algo me he agarrado ha sido de Dios y de su presencia en mí. Hace mucho dejé de creer en Él y comencé a vivirlo porque Dios siempre es bueno y Dios no está fuera de mí.

Vivo cada día con la compañía de un Dios amoroso, tierno, compasivo, guía y acompañante. Es el mismo que tiene todas las características de un padre en todo el sentido de la palabra, es decir, alguien que siempre busca lo mejor para sus hijos. ¿Cómo no sería así si todo nos lo dio Él? ¿Cómo nos podemos sentir culpables de usar lo que nos regaló para que lo usáramos? ¿Cómo puede castigarnos por ser como Él nos hizo? ¿Qué clase de dios o de padre sería? Y, como todo un padre, también es fácil tener acceso a Él, por lo que no hay que hacer cosas muy complicadas. Puedes pedirle ayuda como se la pides a cualquiera, puedes sentirlo de la misma manera que sientes el beso de tu hijo, esposo, madre, padre, hermano o amiga y puedes vivirlo de la misma manera que cuando haces eso que tanto te gusta.

Todo esto lo he ido descubriendo poco a poco y lentamente me ha ido transformando de adentro hacia afuera. A todos nos llega el momento y, si bien no necesariamente cambian las circunstancias de la vida como tal, podemos cambiar radicalmente nuestras percepciones, relaciones, actividades, pasatiempos, etc. Cuando eso ocurre, las emociones dejan de tener control sobre nosotros, pero aun así dejamos que se manifiesten, ya que tienen un gran sentido de ser y estar; si las reprimimos en el momento, después brotarán cuando menos lo queramos en forma de reacciones. Todo lo que sientes está bien, todo es correcto y apropiado, incluso las emociones que tachamos como "malas" o como "no deseadas". Las emociones son buenas; ninguna te hace mejor o peor persona. En lo personal, no me gustaría vivir sin emociones. Qué aburrido sería todo. La clave, como en todo, está en la medida. El exceso —o el desborde emocional— es lo que convierte una relación funcional en una relación tóxica; una alimentación saludable, en una obsesión compulsiva; un rechazo ante una acción no deseada, en una ira agresiva inmanejable con consecuencias morales posteriores.

Soy fanática de lo absurdo y del autoconocimiento porque me ha llevado directamente a abrir mi mente, a descubrir lo más profundo de mí. Cada día me conozco más. Dejo de pretender ser algo e identificarme y esto me lleva a sentirme en paz, pero para eso es necesario llevar el proceso con desapego y aceptación, con ganas de estar bien sin prisa, sin estrés, ya que sería contraproducente.

¿Cómo lograr estar así? Estando contigo. Aprendiendo a estar sola, incluso si estás acompañada. Aprendiendo a escuchar el silencio. Aprendiendo a disfrutar de no hacer y de ser, de estar aquí sin perderte en eso. Yo también me preguntaba cómo tener paz, cómo tener ese contacto constante y siempre me decían que escuchara mi interior, y me desesperaba en la búsqueda, pero mi mente no me dejaba oír lo que internamente hablaba. Así que la única forma de encontrarlo fue meditando. Desde el día que comencé a implementar este hábito, mi vida se ha transformado completamente. Yo siempre digo que de todos los hábitos que recomiendo, el único que permanece pase lo pase es el de meditar a primera hora de la mañana, ya que ese hábito me ha reconstruido el alma y la vida, poco a poco y de manera muy sutil. Es un momento tan mío, tan respetado, tan básico para mi día, que ha sido mi puente directo a cualquier momento de paz que aspire.

Si no meditas, hazlo ya; si ya meditas, hazlo más. Así como cuando corres y logras unos kilómetros y siempre quieres más, lo mismo querrás cuando comiences a vivir todos los beneficios que la meditación te da. La meditación, entre muchas cosas más, me ayudó a observar los juicios constantes que generamos en torno a todo, pero los juicios que hacemos de las personas son los que más me llamaban la atención. Dejé de juzgar con emoción. Eso significa que puedo opinar —cuidado que el ego siempre quiere "opinar" y hacerte creer que es solo eso— sin un tipo de emoción de por medio, es decir, para dar un ejemplo, no considero igual decir que no te gusta o no consumes carne porque te parece tal o cual cosa (sería una opinión), a decir que no te gusta o no consumes carne con enojo, coraje y resentimiento a quien sí le gusta, pues sería un juicio más que una simple preferencia u opinión. Así que cuando noto que lo que voy a decir tiene emoción, no lo digo, porque, si bien sigue siendo un juicio que hice en mi cabeza, no lo alimenté con la opinión de otra persona, así que tiende a diluirse. Lo mejor de todo es que observo mi comportamiento y eso es lo que me ha ayudado enormemente a dejar de juzgarme a mí misma, porque seamos honestas: no hay peor juez que uno mismo y a ese no lo callas; ese está 24/7 diciendo lo que quiere y eso, eso es lo más desgastante que hay para tu mente y tu alma.

Claro que he tenido momentos muy oscuros en mi vida en los que llegué a dudar de mi fe y cuestionarla, pero no negarla y, justamente por esos momentos que ahora llamo aprendizajes, lejos de recordarlos con reproche, confusión, coraje o tristeza, los recuerdo como una película. Con detalles claros y otros no, pero sobre todo, como si fuera de alguien más esa vida, de esa protagonista que sabía que todo era actuado, pero que lo actuó tan bien, que se la creyó. Ahora ya no me la creo más... Y justamente de eso se ha tratado mi camino al día de hoy: de darme cuenta de que toda esta vida es una increíble película en la cual suceden situaciones que uno no espera ni quisiera, pero que son parte de la trama interesante que hacen realmente la película. ¿Por qué escribo esto? Porque todo mi andar, como el de muchos, ha sido a prueba y error, con subidas y bajadas, con grandes aprendizajes disfrazados de malas situaciones, pero siempre acompañada de libros —como este que tienes en tus manos— que han sido mi apoyo en todo lo que he vivido y que me han llevado a donde me encuentro el día de hoy.

Vivo agradecida con todas las herramientas que he aprendido para estar calmada, tranquila, observando, sin reaccionar, sí pensando, pero sin tomármelo muy en serio. Todo esto me ha tomado años encontrarlo: en cursos, en libros y en vivencias; así que considero un gran regalo de María José integrar todas esas enseñanzas en este libro que te llevará a seguir tu camino.

Hoy en día vivo en un estado de aceptación y apego. Como humana, sé que este aprendizaje no termina ni trasciende hasta que ya no tenga esta forma y este cuerpo. Mi mayor logro es poder recordarlo durante el día y les aseguro que después de leer este libro se harán más conscientes y tendrán el 50 % del camino recorrido, porque el otro 50 % está en recordarlo. ¿Cómo mantenerlo presente? Con unos ejercicios muy prácticos y valiosos que también acompañan la teoría de este libro, y que las ayudarán a que no se quede solo en papel o en un "buen libro", sino que sea un manual y compañero de crecimiento personal que las lleve a cumplir sus sueños, sin importar cuáles sean.

Soy una mujer holística es un regalo que solo podría haber hecho una mujer como María José, con quien yo me identifico plenamente. Recuerda que esta vida no es un escalón ni una antesala al paraíso; esta vida es lo único que hay: aquí y ahora y solo nos queda vivirla y quedarnos con lo bueno. Somos libres, no hay premios ni castigos, nadie lleva la cuenta de nada.

Hoy podemos cambiar lo que no nos gusta y de eso se trata: de cambiarnos, transformarnos continuamente porque en esta vida de constante avance, quedarnos parados o estancados en lo que sea, significa retroceder.

Disfruta de este libro como lo disfruté yo, ya que cambiará tu percepción poco a poco y, así no cambien las circunstancias, podrás disfrutar realmente la vida en su totalidad.

Valeria Lozano
Fundadora de Hábitos
Autora de *Cambia de hábitos* (Grijalbo, 2017)

Nuestra verdadera naturaleza es aquello detrás de todo lo que creemos que somos y detrás de los pensamientos. No somos nada de lo que creemos que somos. No somos nuestros pensamientos, no somos nuestros actos, no somos nuestros logros y no somos ni lo positivo que hemos hecho en este mundo, ni lo negativo, ni nuestros errores.

Somos la infinidad, ese espacio donde no existe nada, somos consciencia pura.

Somos todo y no somos nada al mismo tiempo.

INTRODUCCIÓN

Durante un vuelo de Bali a Costa Rica escuché una voz que decía: "Cuéntales la historia más linda jamás contada". No recibí más detalles, pero supe inmediatamente que el mensaje que contenía era tan poderoso, que debía compartirlo con otras personas.

La historia más linda jamás contada es una historia de esas que nos hacen soñar y nos abren los ojos a la posibilidad de que nuestra vida puede llegar a ser algo increíble. La encontrarán a lo largo de estas páginas y sé que está llegando en el momento indicado, porque aunque todas la escucharemos de manera distinta, al final siempre es la misma historia. Se las compartiré tal cual la escuché ese día en el avión, con la confianza de que tiene vida propia y flotará en el aire como una pluma liviana, iluminando muchos caminos.

Mi deseo con este libro es compartir toda la inspiración y las herramientas que me han ayudado a poder soñar en grande y aceptar el llamado de vivir una vida llena de aventuras, una que jamás creí llegar a vivir. La oportunidad de conocernos a nosotras mismas es la mayor bendición que nos entregó la vida. No somos nuestra historia, ni lo bueno o lo malo que hemos hecho en nuestra vida. Somos mucho más que eso: somos la perfección de la existencia y solo tenemos que conectarnos con esa verdad para vivir una vida plena.

En cada capítulo de este libro compartiré una parte de *La historia más linda jamás contada*. En la primera parte, les contaré cómo inició mi proceso de transformación y las herramientas que me ayudaron a soñar en grande. En la segunda parte, soltaremos aquellas creencias y pensamientos que nos impiden ver los sueños hechos realidad y nos conectaremos con la fuente de abundancia infinita que llevamos dentro. En la tercera parte, compartiré ejercicios para regresar a nuestro centro y conectarnos con el estado de paz y serenidad eterna. Terminaré el libro contándoles acerca de la importancia de establecer un compromiso de amor con el mundo.

Gracias por acompañarme y abrirme un espacio para poder compartir una parte de mi vida.

Con cariño,
María José Flaqué
www.mujerholistica.com

LA HISTORIA MÁS LINDA JAMÁS CONTADA

Un día, sin razón alguna, ocurrió un evento que transformó la vida para siempre. No se puede explicar bien qué fue lo que ocurrió, solo sabemos que, al despertar, un día todo cambió. Había un caos alrededor, pero también un silencio sereno. Todo parecía normal a simple vista, pero era una normalidad diferente, difícil de explicar. El tiempo era confuso, como si hubiese cambiado de dirección sin ninguna explicación lógica.

La vida como la conocíamos nunca más fue la misma: las estructuras políticas se derrumbaron y el aire que respirábamos era más liviano. El dolor se acabó y todo empezó a brillar con más fuerza. El cuerpo físico se movía con menos peso y los eventos parecían suceder al mismo tiempo, sin mayor esfuerzo. Había un silencio en el aire que antes no se escuchaba.

Lo que ocurrió es una historia tan poderosa que inspiró a millones de personas a cambiar de rumbo y atreverse a hacer lo que creíamos imposible. Se dice que la noticia de lo ocurrido llegó a todos los rincones del mundo gracias a las aves, el viento y los mares que todavía recuerdan ese momento con asombro y amor. Está ilustrada en algunos libros para niños, la utilizan de referencia en las ceremonias religiosas más importantes y dicen que hizo revivir la esperanza de toda la humanidad. Muchos científicos todavía la estudian, tratando de entender qué fue lo que sucedió.

Aunque parece que todo aconteció en un segundo, en realidad no tiene principio ni fin. Tiene infinitas versiones y todas son parte de la verdad. Sus párrafos contienen nuestra historia y la del Universo entero, todas entrelazadas y sin separación lógica. Guarda dentro de sí historias de alegría y sufrimiento, de amores y desamores, de caminos y aventuras. Vibramos con su fuerza y esperanza, sintiendo cómo el corazón se abre y la compasión se despierta. Podemos ver el espacio vacío y la luz interna. Vibramos en un baile sin separarnos de ella.

Esta historia nos ha inspirado a vivir aventuras increíbles de amor que han transformado el mundo con compasión y que han logrado que el miedo tiemble ante nosotros. Entre sus líneas, se pueden leer las instrucciones para crear la realidad jamás imaginada. Solo el silencio se atreve a contarnos sus secretos.

Las instrucciones son claras: la historia se lee con el cuerpo físico. No es real, a menos que las células la escuchen. Eso nos hace recordar los tiempos de presencia y de luz necesarios para poder vivir el principio y regresar al final. No podemos controlar cómo se desenvuelve la historia, ya que tiene vida propia y las lecciones ya están escritas con nuestro nombre, por lo que no las podemos escoger.

La historia nos buscará en el momento indicado. Es tan poderosa que puede llegar a nosotros aunque no hayamos escuchado de ella antes. Sus técnicas de enamoramiento son poderosas y sutiles y aseguran que caeremos rendidas ante ella. Si no nos ha llegado, podemos invocarla con el corazón, luego cobrará vida por sí sola y nos enseñará el camino.

Esta es una historia de valentía y fuerza, de confianza en lo desconocido, de amor y de entrega. Nos rendiremos ante fuerzas más grandes que nosotras mismas más de una vez. No hay garantías de que todo saldrá como deseamos, ya que nos puede quitar todo y nos puede entregar más de lo que imaginamos. Estaremos viendo de frente todo lo que somos, con asombro de lo que no somos.

Nos enfrentaremos con valentía ante el bien y el mal, con respeto ante nuestros miedos y sonreiremos de frente a la alegría y a la divinidad. Veremos cosas que no queremos ver, sentiremos emociones que nos someterán físicamente, lloraremos y reiremos. Abriremos los ojos y nunca más los podremos cerrar.

Si aceptamos vivir esta historia, en algún momento ocurrirá el gran instante en el que descubriremos que nuestro poder es tan infinito, que somos capaces de hacer cualquier cosa. Nadie sabe cómo ni en qué momento de la historia llega esta revelación de nuestro poder divino. Algunos dicen que es en el momento en que decidimos dejar todo y comenzar nuestra aventura; otros dicen que es cuando salimos de esa famosa conversación con el alma en la noche oscura y también se dice que ocurre como un acto de milagro cuando lloramos desconsoladamente pidiendo fuerza para continuar. Yo creo que ocurre al final del camino, en el momento en que en nuestra sonrisa se vuelve serena, al expresar el entendimiento y la aceptación profunda de quienes somos.

Hay diferentes versiones del momento mágico, pero lo que todas tienen en común es que llega cuando estamos listas y que es una historia llena de amor, esperanza y felicidad.

Vivir esta historia es el regalo más grande que nos pudo haber entregado la vida. Tenemos una oportunidad de embarcarnos en una aventura mágica en tierras lejanas y recorrer caminos sagrados y desconocidos. Es una bendición que se nos entregó al nacer, con la única condición que la vivamos plenamente.

Una vez que conocemos esta historia es imposible no sentir el deseo de vivirla y descubrir lo que tiene guardado para nosotras entre sus líneas. Estamos en el momento indicado para vivirla y estoy segura de que nos cambiará la vida para siempre.

Capítulo 1

LA VERDADERA NATURALEZA

Holística
(adj.) La cualidad completa de tu Ser en todo momento. La perfección de tu existencia, sin la necesidad de sumar, restar o cambiar nada. Lo que eras antes de que te dijeran quién eras.

Las historias rara vez tienen un principio y un final. Cuando cumplí 25 años, ya llevaba más de diez años inmersa en una realidad rodeada de problemas familiares e historias de depresión y tristeza. Me sentía responsable por la felicidad de las personas que convivían a mi alrededor y nada parecía fluir en mi vida personal. Vivía en un modo de protección que me entumecía ante el mundo, era fría en mis decisiones y no tenía mucha compasión por otros. Intentaba ser la mejor persona que podía ser, pero la coraza que cubría mi corazón me impedía sentir la vida.

Me sentía sola y confundida, tenía relaciones disfuncionales con las personas alrededor mío y destruía mi cuerpo físico con dietas de moda y malos hábitos alimenticios. No sabía lo que era la espiritualidad y creía que tener una relación con Dios me iba a obligar a ser parte de una religión, una idea que también rechazaba. No había una figura adulta en mi vida que me diera el apoyo que buscaba, ni que me sostuviera con amor. Me sentía sola y sin una dirección en mi vida.

Por fuera, mi vida parecía perfecta: tenía todo lo que la sociedad considera que se necesita para vivir una vida feliz. Pero por dentro luchaba en silencio con desórdenes alimenticios y ansiedad. Sentía que cargaba con una maleta de dolor, mi pecho estaba constantemente apretado y no podía disfrutar de las bendiciones que tenía. Escondía mis sentimientos y callaba a menudo. Creía que tenía más probabilidades de ser aceptada si pretendía estar siempre feliz y no agobiaba a otros con mi historia.

Esta fue mi realidad durante muchos años. La mente no paraba de dar vueltas y yo, de buscar algo que nunca encontraba. Cuestionaba todo y me tomaba la vida y los comentarios de otros demasiado en serio. Conozco muy bien el sentimiento de querer salir huyendo y la ansiedad de sentir que no pertenezco a este mundo, que no encajo, que hay algo mal en mí, que nací diferente y que nunca voy a ser aceptada. De querer morir, pero tenerle miedo a la muerte. De querer huir, pero sentirme cobarde. De querer una vida diferente, pero no tener la menor idea cómo conseguirla.

Este camino tiene muchos desvíos y puede llegar a ser eterno. Mi descontento se acumulaba con cada día que pasaba y, aunque no lograba encontrar la salida, sabía que algo tenía que ocurrir muy pronto, ya que la infelicidad era tan grande que el cambio era inevitable, por muy destructivo o difícil que pareciera.

LA FUERZA DE LA DESTRUCCIÓN

La fuerza de la destrucción es sagrada y poderosa. Para crear algo totalmente nuevo, debemos destruir las bases de nuestra vida. El fuego y la destrucción son la manera de derribar las estructuras, los esquemas y la vida que creemos que estamos destinadas a vivir, para así abrir el espacio que nos llevará a construir una vida nueva. La energía de la destrucción lo impregna todo y es imposible de evitar, porque es una fuerza de la naturaleza a la que pertenecemos.

Así como nuestro cuerpo lucha por matar las células que están dañadas y el sistema inmune nos protege de los peligros externos, así el alma también busca sanar y sentir esa plenitud. Las fuerzas opuestas siempre encontrarán un balance, la destrucción encontrará un equilibrio en la vida y ambos buscarán regresar al centro, al lugar completo y perfecto: el espíritu sagrado que está presente en todo.

La fuerza de destrucción llega cuando la vida que estamos viviendo ya no nos corresponde, cuando es demasiado pequeña para nosotras y tenemos otro camino por andar. Llega cuando hemos olvidado quiénes somos y necesitamos un recordatorio de la Verdad. Nos libera cuando la mente y las estructuras han tomado el control de nuestra vida y no quieren soltar su poder. La destrucción es quizás una de las fuerzas que más rechazamos, nos inundamos de miedos cuando llega y tratamos de huir. Cuando esto ocurre, nos encontramos con el miedo de que la vida no va a ser mejor, el miedo a perder todo aquello que hemos construido con tanto esfuerzo, a sufrir más o inclusive a morir.

Pero la fuerza de la destrucción nunca llega sola, porque la vida no busca hacernos sufrir, ni destruirnos por el simple placer de vernos caer. Todo lo contrario: ingresa con amor a destruir las estructuras que hemos creado y nos sostiene en todo momento aunque no parezca así. Dentro de ella, en hilos muy finos de energía, trae consigo la compasión y la esperanza, porque ella sabe que tenemos miedo, que necesitamos sentirnos reconfortadas, seguras y apoyadas.

La fuerza de la destrucción llegó a mi vida poco a poco, pero con mucha fuerza. Se alojó en mi cuerpo y estaba lentamente dejándome sin aire. Yo sabía que era cuestión de tiempo antes de que todo se derrumbara, sentía mucho miedo y al mismo tiempo estaba segura de que era mi única salvación. A diario se entrelazaban los sentimientos de desesperación con la esperanza y la compasión. No podía hacer nada ante lo que ocurría, no tenía ganas de seguir luchando por mantener la vida que llevaba y eventualmente me rendí, aunque sabía que eso significaba enfrentar el miedo de no saber lo que vendría después.

PARA PONER EN PRÁCTICA

ESCRÍBELE UNA CARTA AL PASADO

Cierra los ojos y respira profundamente. Conéctate con tu corazón y recuerda un momento en tu vida de transformación profunda: quizás fue un cambio de trabajo, una separación, una decisión importante o una mudanza a otro país. Recuerda lo que sentías en ese momento de tu vida: quizás era miedo, tristeza o incertidumbre. Al unirte con esa persona que eras en el pasado, ¿cómo te describirías? ¿Qué estaba sucediendo en tu vida? Describe cómo te sentías y conéctate emocionalmente con ese momento.

Ahora escríbele una carta al pasado. Cuéntate a ti misma cómo esa historia te abrió a nuevas oportunidades y le trajo bendiciones a tu vida, inclusive si fue un evento doloroso, recuerda que siempre hay una lección y una oportunidad en todo. Nutre con amor y compasión el recuerdo de ese momento que te ayudó a llegar a donde estás hoy. Abrázala con amor y asegúrate que todo saldrá bien, igual como lo harías con un niño pequeño que tiene miedo.

Detecta cuáles fueron las bendiciones en tu camino de transformación y siempre ten presente que todo es perfecto tal cual ocurrió. Detrás de cada dificultad en la vida hay una lección y una oportunidad para aprender más sobre nosotras mismas, de crecer y de sanar. Podemos regresar el tiempo y reescribir cualquier historia o situación que hayamos vivido, para así sanar el recuerdo y abrir el espacio a nuevos caminos.

_____

Ahora te invito a leer en voz alta el texto que sigue a continuación. Léelo cuantas veces quieras; lo importante es que interiorices cada palabra y confíes en que todo va a estar bien.

TODO VA A ESTAR BIEN

El deseo de descubrir lo que me hace feliz.

Encontrar eso que me llene.

Sonreír. Experimentar la felicidad.

La que me entregará la vida, cuando decida que es mi turno.

En el futuro, cuando lo tenga todo.

Mientras tanto, estoy bien aquí.

Mi pecho siente la presión. Siento ansiedad. Me siento triste.

El mundo es peligroso. Hay oscuridad y maldad. Si me atrevo a salir, me pierdo.

No tengo necesidad de salir y arriesgar mi vida. Mientras tanto, estoy bien aquí.

Si espero unos años, seguro todo mejorará. Ya llegará algo mejor.

La mente no para de dar vueltas. Siento lágrimas y tristeza.

Siento la niña que llora por ser libre, por reír, por sentir amor.

No estoy bien, no sé cómo salir de esto. Me duele el pecho.

Quiero llorar, pero no salen las lágrimas. Mi alma anhela una vida de aventura.

La sonrisa es falsa. El tiempo crea más presión y los días pasan más rápido.

Me distraigo con noticias pasajeras y busco refugio en lo externo.

Callo la mente y me molesta el silencio, habla demasiado, no me ayuda. Todo me confunde. No puedo decidir. No sé qué quiero. Quiero escapar. Tengo miedo.

Siento que la presión es demasiada; se siente en mi boca.

La mente no para de dar vueltas y los gritos de desesperación impregnan cada célula. Mi cuerpo va a explotar.

Esto no es lo que quería para mi vida. Soy un fracaso. Quiero vomitar. No aguanto más.

Lloro cada mañana en la ducha con desesperación. Dios ayúdame, por favor... No sé qué estoy haciendo, me siento sola, estoy desesperada, por favor escúchame. Alguien que me ayude, por favor. Quiero gritar y no puedo.

Sé que estás aquí. Puedo sentirlo... Sé que estás aquí.

Me tranquilizo. Todo va a estar bien. Me abrazo. Todo va a estar bien. Lo repito una y otra vez. Todo va a estar bien.

YA ERES SUFICIENTE

Cuánto hubiera deseado escuchar que estaba bien todo lo que estaba sintiendo en esos momentos de desesperación. Que mis pensamientos eran parte de esta experiencia humana, que no eran reales y que ya tenía en mí todo lo que necesitaba para salir adelante. Saber que ya era amada y aceptada por la divinidad y que en mi interior cargaba toda la paz infinita que tanto anhelaba.

A veces complicamos mucho las cosas, nos apegamos a los conceptos y a las ideas en busca de explicaciones racionales para todo y permitimos que la mente tome el control de la situación. Esto solo nos confunde más, porque para el espíritu todo es muy sencillo y para la mente nunca lo será. Podemos pasar una vida entera dando vueltas por los mismos lugares en busca de algo diferente o bien, viajar lejos para luego terminar en el mismo lugar. La vida se convierte en una búsqueda eterna para poder recordar lo que ya llevamos adentro, ese mensaje que es tan sencillo de entender.

Una de las creencias que nos causa más daño es sentir que hay algo equivocado en nosotras, que tenemos algo por arreglar o que nuestro destino es el de cargar con culpas que tenemos que redimir.

Somos seres de luz perfectos y completos. No necesitamos la aprobación de otros para encajar, ni cambiar algo en nosotras para parecernos más a otra persona. No tenemos que luchar por ser aceptadas, ni sufrir porque sentimos que no pertenecemos. La libertad está en la aceptación de quienes somos, con los aspectos positivos y negativos, porque ambos son parte de quienes somos y nuestra expresión sobre este mundo.

Si nos dejamos encasillar en un molde, nos sentiremos atrapadas y la luz que llevamos por dentro lentamente se apagará. Es el momento de crear nuestro propio molde, conocer nuestros límites y explorar más allá de donde creemos que es posible. Si creemos con fe y convicción que la vida nos está apoyando y quiere que seamos felices, podremos caminar por el mundo más seguras y con una energía de exploración que nos llevará a lugares mucho más lejanos de lo que imaginamos.

Uno de los pilares más importantes de este libro es que todo es energía en movimiento. Esta energía tiene que poder fluir libremente e intercambiarse de manera equitativa para todas las partes. Para poder ser la expresión completa de quienes somos y vivir desde un espacio de serenidad, tenemos que establecer límites alrededor de nuestra energía y cuidar nuestra fuente de poder. Somos libres de decidir hacia donde dirigimos nuestra energía y a quién se la entregamos. Nos podemos sostener energéticamente con nuestra propia energía, sin la necesidad de entregar nuestro poder personal. Cuando nos permitimos vivir con base en las opiniones de otros y en los pensamientos limitantes de la mente, estamos entregando ese poder personal y la energía que nos pertenece.

A pesar de que podemos escuchar abiertamente los consejos de otras personas, es importante mantenernos conectadas con la verdad de que ya tenemos todo lo que necesitamos para vivir felices y con la libertad de poder escoger si aplicar los consejos que nos entregan o no. Ya tenemos absolutamente todo el conocimiento del Universo entero, somos capaces de tomar decisiones sobre nuestra vida y escoger en dónde ponemos nuestra energía. No le entregues tu poder personal jamás a nadie; este es uno de los daños más grandes que podemos hacernos a nosotras mismas.

Lo que buscas con tanto anhelo no está olvidado, no te lo entregará otra persona y tampoco es complicado. Lo que buscas está allí esperando pacientemente tu llegada, lo has llevado contigo siempre.

Cuando la meditación llegó a mi vida, mi meta no era conectarme con mi Ser, ni tener una relación con mi divinidad, ni profundizar en mi camino espiritual. Yo solamente anhelaba vivir tranquila y ahuyentar ese sentimiento de opresión en mi pecho que aparecía todos los días. La meditación y todas las técnicas del desarrollo personal que comparto en **Mujer Holística** (www.mujerholistica.com) no solo me trajeron más felicidad, sino que me acercaron más a quien soy y me ayudaron a vivir mi historia con pasión.

No fue fácil sentarme a escribir lo que había sentido durante esos años de ansiedad y desesperación. Tuve que regresar a visitar a la María José del pasado, una mujer joven y lejana, que vivió en una realidad muy diferente a lo que es mi vida hoy. Regresé a esos recuerdos con un corazón abierto, con respeto y compasión por su historia. Con una necesidad de protegerla y decirle que todo salió bien. Siento una gratitud profunda por la oportunidad de compartir su historia y una aceptación plena del camino vivido. Todo pasó y fue perfecto tal cual ocurrió.

 Meditación Holística #1
www.mujerholistica.com/meditaciones-libro
Usa la aplicación de códigos QR en tu celular
para descargar este contenido.

Capítulo 2

LA ESPIRITUALIDAD ES EL CAMINO

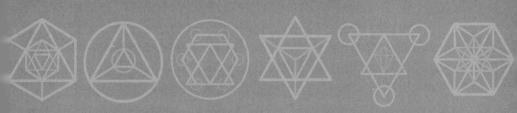

Devoción
Def. La entrega total a una experiencia espiritual; entregarse
con fe a descubrir la Verdad.

La vida nos pondrá muchas pruebas y retos que pueden ser dolorosos y difíciles de enfrentar. No busquemos entender ni analizar lo que ocurre, simplemente permitamos sentir la experiencia de vivir y abrazar todo lo que está ocurriendo con aceptación y rendición. Todo siempre está desenvolviéndose de la manera perfecta para apoyar nuestro crecimiento espiritual, a pesar de que no siempre entendamos por qué está ocurriendo. En los momentos de aparente caos es cuando más necesitamos entregarnos al camino espiritual. Si nos entregamos a este camino con fe y devoción, descubriremos la verdad y la paz infinita.

Rendirse es entregarse a algo más grande que uno mismo. Es reconocer con un amor profundo que vinimos a este mundo a ser un canal de Dios y a vivir al servicio de otros. Cuando nos entregamos a un camino espiritual, no sabemos a dónde nos llevará, pero tenemos la certeza de que estamos allí por una razón y de que nos irá enseñando la ruta a medida que vayamos avanzando. La fe nos recuerda que no necesitamos ver el camino para saber que está allí.

Yo nunca hubiera podido salir de mis noches oscuras sin una entrega profunda a mi camino espiritual. Cuando nos rendimos ante esta fuerza más grande que nosotras mismas, nos damos cuenta de que somos más fuertes de lo que imaginábamos, porque llega a nosotras una sensación que proviene de la fuerza infinita. Todo lo que viví en los momentos más difíciles de mi vida fue un llamado a acercarme más a mi espiritualidad y a reconocer que tenía que rendirme y dejar que la vida me mostrara el camino. Cada instante de nuestra vida es una oportunidad para entregarnos con devoción a la experiencia de descubrir la verdad de quienes somos y ser la expresión de eso sobre este mundo.

La importancia de la meditación

Nunca me imaginé que la meditación le traería a mi vida no solo más paz y felicidad, sino también una infinita cantidad de bendiciones y abundancia. La meditación me ayudó a reconstruir las bases de mi vida y me enseñó a expresar mi autenticidad ante el mundo con amor y aceptación. Esta es una práctica que nos permite entrenar la mente para que no se distraiga por los pensamientos, las emociones o las sensaciones del momento. Así, con una mente en calma, podemos ingresar a un estado de paz profunda y acercarnos a niveles más altos de conciencia. Cuando meditamos, nos permitimos sentir la infinidad de la mente y del espíritu sin que dominen los pensamientos, conectadas con la fuente de creación divina y con nuestro Ser Superior. La meditación también nos permite vivir en el presente, en donde observamos sin resistencia y con atención lo que está ocurriendo en el entorno, conscientes de la experiencia que estamos teniendo en este plano como seres humanos.

La meditación es un recorrido y una experiencia que nunca termina; es una forma de vivir. Es un proceso voluntario al cual ingresas con el afán de redescubrir aquello que siempre ha estado dentro de ti; es una travesía y una experiencia que nunca termina, es una forma de vivir en la que el camino es el destino final.

Si nunca hemos meditado antes, nos podemos sentir intimidadas por la práctica o por lo que podríamos descubrir. Ese sentir es normal y es importante continuar practicando y entender que ese camino de conocernos mejor es parte del proceso. Todo va a estar bien si confiamos en que se nos mostrará el camino en todo momento. No veremos ni experimentaremos nada que no estemos preparadas para sentir. La inteligencia y la sabiduría de nuestros estados más elevados siempre nos enseñarán aquello que estamos preparadas para ver.

Todo va a estar bien si confías y si recuerdas que tu alma te muestra todo en el momento en que tienes que verlo.

La realidad que vemos no es real, es una percepción de la mente, condicionada por nuestras creencias, pensamientos y valores y es distinta para cada persona. Cuando nos convertimos en las observadoras de nuestra experiencia y comenzamos a darnos cuenta de que no somos nuestros pensamientos, entonces descubrimos que los pensamientos solo son reales si los creemos, si nos identificamos con ellos y con esa historia que estamos contándonos sobre nosotras mismas y el mundo en el que vivimos.

La meditación nos ayuda a darnos cuenta de que somos mucho más que todo eso que está ocurriendo en nuestro cuerpo físico y en la mente; nos ayuda a identificar cómo los pensamientos pueden estar dominando nuestra vida para que, a partir de ahí, podamos actuar desde un espacio dominado por la conexión interna. La meditación me ayudó a entender que mi historia no me define y a traer compasión a cada miembro de mi familia, sin importar lo que hubiera ocurrido en el pasado. Me ayudó a sanar y a perdonar a otros. Y por esto y muchas otras razones, es una práctica que recomiendo abiertamente y que sé que puede transformar el mundo entero.

Si pudiera recomendar una sola cosa para vivir mejor, sería tener una práctica de meditación diaria.

PARA PONER EN PRÁCTICA

LA MEDITACIÓN EN TU VIDA

Responde las siguientes preguntas:

Si eres nueva meditando, ¿por qué te llamó la atención esta práctica?

Si ya tienes una práctica de meditación regular, ¿qué te hace regresar a ella todos los días? ¿Qué regalos te ha entregado esta práctica?

¿Quiénes somos?

La respuesta a la pregunta "¿Quién soy?" es difícil de definir utilizando las palabras y la mente, porque el idioma con el que nos comunicamos está basado en límites y parámetros muy parecidos a la forma en que la mente piensa y nuestra verdadera naturaleza no se rige por esos límites y parámetros. Así, el idioma se queda corto.

Para descubrir quiénes somos, tenemos que entrar en un espacio en el que los pensamientos y las respuestas no tienen lugar y no buscar definirlo con palabras, porque es un espacio que no está disponible para la mente. Requiere que dejemos ir todas las etiquetas y los roles que establecimos con anterioridad, para que podamos descubrir lo que hay detrás de toda esa ilusión que vemos. Nuestra verdadera naturaleza es todo aquello que está detrás de lo que creemos que somos y detrás de los pensamientos. No somos nada de lo que creemos que somos. No somos nuestros pensamientos, no somos los logros, ni lo positivo que hemos hecho en este mundo, ni lo negativo, ni nuestros errores. Somos la infinidad, ese espacio donde no existe nada, somos conciencia pura. Somos todo y no somos nada al mismo tiempo.

Somos seres espirituales, somos la creación entera, el espíritu que lo permea todo y Dios. De nuevo, esta descripción se queda corta al utilizar palabras. Al final, solo podremos sentir y experimentar quiénes somos cuando nos separamos de los pensamientos y logremos ingresar a un espacio en el que la respuesta llega por sí sola. Es allí donde descubriremos nuestro verdadero hogar y la expresión única de nuestra divinidad.

Es posible vivir desde ese estado de consciencia en el que nos damos cuenta de que no somos lo que está ocurriendo alrededor y en donde podemos sentir la serenidad del momento presente, entendiendo que es parte del Todo. Esto lo logramos cuando la mente está en calma y cuando podemos observar todo lo que está ocurriendo a nuestro alrededor con una presencia total, en silencio y con respeto por lo que es.

El camino de descubrir quiénes somos es el camino de una vida entera. Una de las formas en que podemos descubrirlo, es explorando lo que no somos.

Para poner en práctica

¿Quién eres?

Realiza el ejercicio de anotar todo lo que crees ser. Es importante que incluyas las etiquetas que te has puesto, tus logros y todos los aspectos positivos y negativos con los que te identificas. La lista puede ser larga, porque hay mucho en el camino por descubrir quién eres. No olvides incluir todas aquellas cosas que te costaría dejar ir, como por ejemplo, tu cuerpo físico, tu identidad como madre o esposa, tu nombre o tu nacionalidad.

Yo soy _____

Yo soy _____

Yo soy _____

Yo no soy _____

Yo no soy_____

Yo no soy_____

Todo lo que creemos que nos define no es quienes realmente somos, ni siquiera lo que consideramos como logros o aspectos positivos nuestros, nada de esto hace parte de nuestra verdadera naturaleza. No podemos decir que somos las cosas positivas que hemos hecho, ni tampoco las negativas. Decir que solo somos nuestros logros, por ejemplo, es esconder nuestro lado oscuro, pretender que su presencia no es sagrada. Somos ambos lados, la luz y la oscuridad y, al tiempo, no somos ninguna de las dos.

Nuestra libertad está en reconocer que no somos todo aquello que vemos en esta realidad, porque, más allá de lo que podemos ver o percibir en nuestro entorno, hay una matriz de energía que lo conecta todo y que no tiene separación, un espacio no-dual. Nosotras somos la consciencia que observa al cuerpo, a la mente y toda esta experiencia que nuestros cinco sentidos nos permiten experimentar. Cuando nos olvidamos de esto, nos desconectamos de la fuente.

Cuando vivimos como las observadoras de nuestra experiencia y con completo conocimiento de que no somos todo aquello que estamos viendo, podemos responder a nuestro entorno con más amor, paciencia y luz. Así, traeremos a cada situación lo que realmente se necesita en ese momento, por ejemplo, un perdón, un abrazo, paciencia, unas palabras de aliento o compasión. No reaccionaremos al mundo con rabia, ira o "sin pensar". Estaremos más atentas a lo que el mundo necesita de nosotras y sabremos cómo aportarle más luz a él.

EL PROPÓSITO DE NUESTRA VIDA ES SER LA EXPRESIÓN DEL ALMA

Nuestro propósito de vida es expresar quiénes vinimos a ser en toda nuestra plenitud. Cuando vivimos desde allí, nuestra vida se convierte en una expresión del Ser completo y perfecto que somos. Vinimos a sanar y a perdonar, a recordar quiénes somos, por nosotras, por los del pasado y por los del futuro. Nos abrimos a esta experiencia humana al suavizar el corazón para expresar nuestro amor y compasión y permitirnos descubrir quiénes somos en el camino.

Nuestro propósito es ser la expresión del alma que constantemente le entrega al mundo aquellos regalos que nos hacen únicas y así encontramos nuestro lugar de pertenencia en el que podemos ser plenas y auténticas. Vivimos el propósito de esta vida por medio de cada respiración, al conectar la divinidad con el cuerpo físico, inhalar lo bueno y lo malo, los miedos y las alegrías, exhalar amor y compasión. Con cada respiración purificamos toda la existencia. Individual y colectivamente inhalamos la vida y exhalamos el futuro que deseamos ver.

Muchas veces, por miedo o inseguridad, callamos nuestra voz y apagamos nuestra luz. Nos mantenemos pequeñas e intentamos pasar desapercibidas, escondiéndonos detrás de otras personas. Esto disminuye la expresión de nuestro Ser y nos mantiene lejos de nuestro propósito; además, nos puede llevar a sentir una frustración grande y mucho dolor, ya que sentimos que no pertenecemos a este mundo. El alma es feliz cuando se puede expresar plenamente y cuando nosotras nos alineamos con ella y con los regalos que tenemos para entregar.

Podemos pasar una vida entera caminando lejos de nuestro propósito de vida, inclusive explorándolo de cerca, pero nunca viviéndolo plenamente, por miedo o falta de confianza. Es más, podemos llegar al final de nuestra vida sin habernos cuestionado cuál era nuestro propósito y silenciando las llamadas de la voz interna. Pero cuando logremos vivir con autenticidad nuestro propósito, sentiremos que el alma se expande y recibiremos todas las respuestas que buscamos. La vida se vuelve un baile divino que disfrutaremos plenamente.

Hay muchos caminos que podemos escoger en esta vida, inclusive si no decidimos buscar nuestro propósito, mientras tomemos la decisión de convertirnos en las observadoras de nuestra experiencia y reconocer que ese es el camino que decidimos seguir, estoy segura de que se nos entregarán las lecciones que teníamos que aprender de él.

Las lecciones siempre estarán allí; está en nosotras decidir cómo aprendemos: por medio de una experiencia llena de amor o del miedo a enfrentarnos a ellas.

PARA PONER EN PRÁCTICA

CUESTIONARIO: ¿ERES UNA MUJER HOLÍSTICA?

- ¿Qué amas hacer en tu tiempo libre?
- Si el dinero no fuera una preocupación, ¿a qué te dedicarías?
- Haz una lista de las cualidades que te hacen especial. Pídeles a dos personas de confianza que te mencionen tres cualidades que te hacen especial y compara sus respuestas con las tuyas.

MIS CUALIDADES	LAS CUALIDADES QUE ME CARACTERIZAN SEGÚN OTROS

A continuación les comparto algunos consejos que nos ayudarán a conectarnos con nuestro propósito de vida:

Conectar con la divinidad: hay muchas formas de conectar con la divinidad. Podemos utilizar técnicas de meditación o desarrollo personal, ir a la iglesia o leer un libro que nos inspire. Los poemas de Rumi son para mí un canal rápido de conexión con la divinidad. Cuando entramos al silencio interno, encontramos las respuestas que estamos buscando; por eso es tan importante incluir esto en nuestros hábitos diarios.

Vivir una vida con valores: los valores son como una guía que nos ayuda a determinar lo que es importante en esta vida y si nuestros actos están alineados con quienes queremos ser o no. Algunos ejemplos de valores que para mí son importantes son la honestidad, la verdad, la libertad, el amor, la justicia y la generosidad. Cada una de nosotras le dará prioridad a los valores más importantes en su vida; lo esencial es que reflexionemos sobre nuestros actos y veamos qué tan alineados están con quienes queremos ser.

Expresar nuestros talentos y pasiones: hay cosas que nos hacen únicas y que naturalmente hacemos bien. Cuando buscamos la belleza, la autenticidad, el amor y la pasión en todo lo que hacemos, automáticamente abrimos una puerta para que todo eso llegue de vuelta a nuestra vida.

Observar a las personas que admiramos: las personas que admiramos son una referencia de cualidades que llevamos dentro o de logros que podemos obtener también. Utilicemos estas referencias para abrir el camino hacia una expresión nueva de nuestro Ser.

Regresar a la naturaleza: la naturaleza nos conecta con la vida y nos recuerda que somos parte de algo más grande que nosotras mismas, que los ciclos naturales de la vida y las leyes universales rigen todo en el mundo, incluido nuestro cuerpo físico.

Buscar señales, sincronías y reír: la vida no es para tomársela tan en serio. Es un juego en el que las señales, las sincronías y las risas nos van mostrando el camino de la felicidad. Cuanto más livianas caminemos y dejemos atrás todo aquello que no nos sirve (las creencias, los pensamientos limitantes o la energía tóxica), más fácil nos será vivir nuestro propósito con plenitud y autenticidad.

Confiar en que se nos mostrará el camino: a veces no tenemos ni idea de cómo comenzar a buscar nuestro propósito de vida. Tenemos que tener fe y confiar en que todo nos llegará en el momento indicado. Si ponemos nuestra intención y buscamos las señales, poco a poco comenzaremos a verlas y podremos caminar cada vez más cerca de nuestro propósito.

TENEMOS PERMISO DE SER AUTÉNTICAS

Toda la vida he luchado contra las creencias de tener que ser responsable, agradable, seria, disciplinada o la de mostrarme como la niña "buena" y, al mismo tiempo, tener el derecho de expresar quién soy y lo que quiere mi alma. Mi deseo ha sido siempre el de poder jugar y reír más y expresar mis opiniones libremente, aunque sean controversiales. Esta lección ha sido difícil de aprender y requiere un trabajo diario por parte mía, especialmente a medida que Mujer Holística crece y con esto las responsabilidades.

Nuestra felicidad no puede depender de la opinión que otros tengan de nosotras. Como ellos se sientan frente a nuestra autenticidad es un reflejo de ellos y no dice nada de nosotras. Las únicas que muchas veces vivimos con un sentimiento de opresión en el pecho al no poder expresarnos libremente somos nosotras y esa sensación no es agradable. Tenemos permiso para ser "demasiado" para el resto del mundo, aunque nuestra presencia haga que otros se sientan incómodos. Lo importante es que nosotras vivamos siempre alineadas con nuestros valores y con quienes queremos ser en este mundo. Si otros nos critican o se sienten incómodos frente a nosotras, es un tema que ellos tienen que resolver, pero no debe impedir que nos concentremos en nuestra búsqueda personal. Lo mismo va para nosotras mismas: si nos criticamos por quienes somos o criticamos a otros por la forma en que viven su vida, se verá reflejado de vuelta en nuestra vida y solo conseguirá reducir la expresión de nuestra esencia.

¿Qué tan auténticas somos con nosotras mismas? Tenemos el derecho a ser libres y apasionadas. Podemos cantar la canción que nuestra alma quiera a todo volumen, sin preocuparnos por lo que los demás opinen. Exploremos cuál es la canción única de nuestra alma, cuáles son las cosas que nos hacen especiales, lo que nos llama la atención y los regalos que tenemos para expresar sobre este mundo. Se los aseguro: todo fluye cuando somos auténticas, porque somos mejores siendo nosotras mismas que pretendiendo ser otras personas. El mundo es un lugar rico y único porque cada ser humano sobre la tierra es completamente distinto y eso nos permite aprender de otros algo nuevo todos los días.

PARA PONER EN PRÁCTICA

LAS CUALIDADES QUE TE HACEN ÚNICA

Las cualidades que admiramos en otras personas también están dentro de nosotras mismas. Cuando desarrollamos todos los aspectos de nuestro ser y nos permitimos expresarlos al mundo, nos convertimos en personas únicas con un regalo que solamente nosotras podemos entregar en este mundo. Este ejercicio te ayudará a descubrir otros aspectos tuyos que quizás no estás expresando, pero que también están en ti.

Imagina que organizas un viaje a una isla remota con seis personas que admires y que te gustaría conocer mejor. Puede ser una celebridad, una escritora, alguien relacionado con la ciencia, un dirigente político o un personaje histórico. ¿A quién invitarías? Escribe sus nombres a continuación:

1. _____
2. _____
3. _____
4. _____
5. _____
6. _____

¿Cómo describirías a cada uno de ellos? ¿Qué tienen en común? ¿Cómo se visten y cómo se expresan? ¿De qué hablarías con ellos? ¿Por qué te llama la atención conocerlos mejor? ¿Cuáles son las cualidades que los caracterizan?

Ahora toma la lista y observa cómo te describen a ti también. Pregúntate: ¿Me expreso libremente? Si no es así, ¿en qué áreas limitas tu expresión? Si hay alguna de las cualidades que admiras en otros que no estás resaltando en ti en este momento, pregúntate cómo podrías desarrollarla más.

Meditación Holística #2

"Regreso al hogar"
www.mujerholistica.com/meditaciones-libro
Usa la aplicación de códigos QR en tu celular para descargar este contenido.

Meditación "Regreso al hogar"

El hogar es aquel espacio en tu centro en donde está tu alma, tu divinidad y la conexión con el infinito. Este centro representa la creación y el Universo completo, es decir, toda la naturaleza. El hogar interno es ese espacio de tranquilidad y de seguridad en donde te conectas con tu Ser Superior y contigo misma. Regresar a tu hogar es algo que puedes hacer durante todo el día, en cualquier momento, sin importar en dónde estés. Se trata de conectarte nuevamente con quien eres.

¿Dónde?

Para realizar esta meditación puedes acostarte en la cama boca arriba o bien, sentarte con la espalda recta y los pies sobre la tierra en una posición que sea cómoda para ti.

¿Cómo?

Cierra los ojos y comienza a respirar muy lento y profundo prestando atención a cada inhalación. Inhala profundo por la nariz y exhala lentamente por la boca dos veces.

Cuando te sientas relajada y conectada con tu centro, comienza a inhalar y a exhalar por la nariz.

Pon tu mano derecha sobre tu pecho y la izquierda sobre tu estómago y continúa respirando profundamente. Siente cómo el estómago y el pecho suben y bajan con cada inhalación y exhalación.

Con los ojos cerrados trae el centro de tu corazón a tu mente e imagina que es un lugar en el que abunda el color verde y en el que te sientes cómoda y tranquila. Continúa respirando profundo.

Ahora imagina que comienzas a caminar hacia adentro de tu corazón: visualiza cómo caminas por un jardín, con mariposas blancas, que queda en el centro de tu corazón. Estás feliz. Continúa con las manos sobre el estómago y el corazón. Sigue respirando profundo y ve sintiendo la vida misma, la naturaleza, el cielo, recuerda que por medio de la respiración entra la vida.

Ahora, frente a ti, ves una puerta que está cerrada. Imagina que la abres, entras, la cruzas y la cierras detrás de ti. Es muy importante que la cierres, porque te diriges a tu lugar seguro. Continúa observando los detalles del entorno natural que te rodea. Te encuentras con otra puerta, nuevamente la abres, cruzas y la cierras.

Con cada puerta que cruzas te vas sintiendo más y más tranquila, más relajada y más segura. No hay nadie aquí. Hay una paz y una tranquilidad y lo único que oyes es el sonido de la naturaleza.

Continúa caminando y abre la última puerta, crúzala y ciérrala. Al darte vuelta, descubres que estás en un lugar completamente iluminado por una luz dorada que cae del cielo y te protege, te cubre. Luego, te das cuenta que en el centro de esa luz, iluminado como un sol y rodeado de naturaleza, está tu Ser Superior, tu espíritu, tu divinidad, la persona que realmente eres. No tienes que verla; puedes imaginar que es un sentimiento de amor muy profundo. Si la ves, perfecto; si no, sabes que está ahí, la puedes sentir en tu corazón, es tu niña interior, la inocencia pura y la belleza de la creación.

Te sientas a su lado y si quieres puedes preguntarle algo o simplemente compartir con ella ese momento, esa sensación de amor. No tienes que decir nada, a veces las palabras sobran. Simplemente siéntela. Ese es tu hogar, ese lugar donde sientes el amor infinito, donde estás tranquila, donde sientes paz, donde sientes expansión, calor de la luz y amor.

En ese lugar no caben las preocupaciones, ya que se vuelven diminutas en comparación con lo inmenso que es tu Ser. En ese lugar te sientes completamente segura, porque allí está tu verdadero hogar. Puedes quedarte aquí el tiempo que sientas necesario.

Ahora te voy a guiar de vuelta fuera de tu hogar. Primero agradece a tu Ser Superior por todo lo que te ha dado y todo lo que te ha mostrado; dale las gracias y abrázalo. Ahora párate, sientes una vez más este sentimiento y comienzas a caminar lentamente, abres de nuevo cada una de las tres puertas y las cierras. Abrimos, cruzamos y cerramos, caminamos, abrimos, cruzamos, cerramos y caminamos, abrimos, cruzamos, cerramos.

Si sientes que necesitas cerrar más puertas para sentirte segura, lo puedes hacer. Imagina que sigues caminando y que ves otra puerta más y realizas el mismo ejercicio de abrir, cruzar y cerrar. Abre y cierra cuantas puertas sean necesarias para que sientas paz y tranquilidad hasta regresar de vuelta fuera de tu meditación.

Ahora, antes de abrir los ojos y regresar, mírate a ti misma acostada sobre la cama o sentada sobre el piso con tus manos sobre el corazón y el estómago y obsérvate con ese amor que sentiste cuando estabas sentada con tu Ser Superior. Percibe cómo te ves ahí conectada en paz y tranquilidad.

Regresa de vuelta a la respiración y a tu cuerpo. Toma dos respiraciones profundas sintiendo cómo se eleva tu estómago con cada inhalación: inhala y exhala, suelta todo, inhala y exhala y lentamente abre los ojos, mueve las manos, los pies y regresa a este momento, pero mantén en tu corazón ese sentimiento de amor que sentiste al ingresar a ese hogar con tu Ser Superior. Intenta mantenerlo durante todo el día.

Puedes realizar esta misma meditación, más corta, en cualquier momento en el que sientas que necesitas conectarte contigo misma, regresar a tu centro y traer más paz y tranquilidad, pero recuerda siempre abrir y cerrar las puertas, porque este es tu espacio seguro y tienes que protegerlo y, a la vez, proteger tu energía.

Capítulo 3

SOÑAR EN GRANDE

Soñar
Def. Conectar con los deseos de tu alma; sentir la energía de una nueva realidad.

La historia más linda jamás contada dice que el cambio en la vida de uno puede ocurrir en un segundo. Mi cambio ocurrió durante el transcurso de varios años, pero sentí como si hubiera ocurrido en un instante. El tiempo siempre es relativo, más cuando estamos trabajando en procesos internos, por lo que los días se pueden sentir como años y las horas, como minutos.

La meditación y todas las técnicas de desarrollo personal que llevo explorando en estos años de búsqueda abrieron el camino para conocerme mejor y cuestionar qué quería hacer de mi vida. A pesar de que mi realidad externa todavía continuaba siendo muy parecida a lo que era antes, por dentro yo no era la misma. La forma en la que me observaba y me relacionaba con otros había cambiado. Estaba más alegre, tenía más energía y con muchas ganas de crear algo grande en mi vida, de sentirme orgullosa de mis logros. Mis relaciones comenzaron a fluir mejor y entendí que no tenía que vivir la misma vida para siempre, que era posible perseguir un sueño nuevo. Me consumí en los libros y en los audios de abundancia y de espiritualidad, no había un momento de mi día en el que no estuviera escuchando o leyendo algo positivo que me inspirara a salir adelante y a encontrarme a mí misma.

Me dediqué durante mucho tiempo a la pintura y las manualidades y comencé a practicar yoga, una actividad que le permitía a mi cuerpo físico fluir con todas mis emociones y me ha enseñado a apreciarlo más. Un día conocí un maravilloso programa para certificarme como *coach* de salud con énfasis en un estilo de vida holístico, algo muy novedoso en ese momento. Me inscribí ese mismo día, sin pensarlo dos veces. Sentí que eso me ayudaría a unir todo aquello que me apasionaba y me permitiría ayudar a otras mujeres que estaban sintiendo la ansiedad que yo misma había experimentado durante tanto tiempo. Esa decisión cambió completamente el rumbo de mi vida. Me enamoré de todo lo relacionado con el estilo de vida saludable y así lentamente comenzó mi camino con Mujer Holística, que hoy es un sueño hecho realidad.

Creo firmemente que los negocios tienen alma y vida propia. En mi caso, la energía de Mujer Holística me buscó para poder manifestarse de manera física en esta realidad y yo la necesitaba para aprender a soñar y para sanar mi vida. El camino de emprendedora me ha mostrado que soy capaz de ser líder, de tomar decisiones importantes en mi vida y asumir las riendas de mi futuro. Toda la abundancia que hoy tengo en mi vida no me ha llegado del cielo ni es pura suerte; absolutamente todo se lo debo a mi esfuerzo por buscar una vida nueva y el hecho de que pude trascender todo aquello que me limitaba para poder crearla. Los sueños no están diseñados al azar; están alineados con la versión más grande de nosotras mismas y están aquí para mostrarnos todo lo que podemos llegar a ser.

Los sueños tienen una vida propia y toman fuerza cuando les inyectamos amor y dedicación. Su energía es pura y expansiva y, si les damos permiso, nos llevarán a través del tiempo a diferentes realidades para mostrarnos que es posible vivir una vida aún mejor de la que estamos viviendo actualmente. Son nuestras creencias de que no podemos vivir otra realidad o que no es posible manifestar una vida abundante lo que nos impide poder ver la magnitud de lo que podríamos crear en la vida. Estamos culturalmente condicionadas a pensar que estamos destinadas a vivir un tipo de vida o que es difícil salir de una situación que nos afecte. La vida es difícil solamente si nosotras decidimos creer eso. Si no nos abrimos a la posibilidad de que hay otra realidad para nosotras, es imposible que podamos llegar a ella.

Parte de soñar en grande es abrirnos a la vida y cambiar la forma en la que vemos el mundo. Es mediante nuestros pensamientos y emociones, las cuales emiten una vibración, que podemos manifestar en el plano físico todo lo que queremos. No hay pensamientos en vano, por lo que tenemos que estar observando constantemente la energía que ponemos en el mundo, si queremos ver una realidad abundante que nos haga felices.

Los sueños más grandes se hacen realidad solamente si nuestra mente cree que es posible que se hagan realidad; de lo contrario, los reducimos a nuestra percepción limitada del mundo. La mente busca todo aquello que nosotras le decimos que busque; por eso es que terminamos atrayendo todo lo que pensamos. Entrenar la mente es una habilidad que se tiene que desarrollar y es un paso fundamental para poder avanzar con nuestros sueños. Podemos utilizar esto a nuestro favor y darle órdenes a la mente para que busque algo maravilloso para nosotras.

El proceso de soñar es una experiencia sagrada y divina que se disfruta con todos los sentidos. Si nuestros sueños son demasiado grandes o son muy distantes de la vida que estamos viviendo en este momento, nos puede costar imaginarlos o conectarnos emocionalmente con ellos, pero no necesariamente tienen que estar claros en la mente para que los podamos sentir en el corazón. Su energía igual está allí en nuestro campo energético y nos podemos conectar con esa ilusión y con el deseo de que se cumplan, aunque no los podamos imaginar con detalle.

Si no sabemos cómo iniciar, podemos pedir ser guiadas por la divinidad y trabajar en esa conexión interna que nos irá mostrando el camino. Tenemos ángeles, maestros y mucha energía de amor a nuestro alrededor que nos protegerán, guiarán e irán abriendo los caminos y las oportunidades perfectas. Ellos están felices de acompañarnos en el camino y de apoyarnos en todo momento. Cuando estamos soñando, no somos las únicas que sentimos el amor y la expansión; nuestra vibración afecta al mundo entero y les aseguro que las personas a nuestro alrededor pueden sentir la diferencia también.

En este capítulo vamos a desarrollar la habilidad de soñar en grande. No nos adelantaremos todavía al proceso de manifestar los sueños, porque antes de llegar allí tenemos que conocer qué queremos y conectarnos con la energía de los grandes sueños. ¿Listas para convertirse en unas soñadoras compulsivas?

PARA PONER EN PRÁCTICA

SOÑADORAS PERMANENTES

Para convertirte en una soñadora permanente, debes empezar por descubrir qué te llama la atención y qué experiencias te gustaría vivir. Elabora una lista de cien cosas que te gustaría hacer antes de morir y sé específica con los detalles de cómo lo podrías lograr.

Por ejemplo, si te encanta la fotografía y uno de tus sueños es presenciar una aurora boreal, entonces puedes buscar un viaje organizado exclusivamente para eso. En tu lista incluye todos los detalles de tu viaje, por ejemplo, cuál es el itinerario, los lugares que te gustaría visitar, la mejor época del año para ver este fenómeno natural y el tipo de cámara que necesitas. Incluye costos, lugares de alojamiento e inclusive puedes comprar una guía de viaje del país.

Cuantos más detalles escribas en tu lista, más fácil será conectarte con ese sentimiento de ilusión y convencer a tu mente de que es posible lograrlo. Muchas seguidoras de Mujer Holística me han comentado que se han animado a ir a Bali porque me siguen en redes sociales (@mujerholistica) y se han dado cuenta de que es más fácil llegar a Asia de lo que se imaginaban.

Muchas veces creemos que nuestros sueños son inalcanzables o muy lejanos, pero cuando creamos un plan concreto e investigamos cómo lo podríamos lograr, descubrimos que son mucho más factibles y reales de lo que creíamos. Pero primero debemos convencer a nuestra mente de que es posible lograr un sueño y reemplazar las creencias de que no lo es.

CONSEJOS PARA DESARROLLAR LA HABILIDAD DE SOÑAR

1. Darse el permiso de soñar. El acto de soñar es un permiso que nos entregamos a nosotras mismas en silencio y en aceptación de que estamos listas para expresar quiénes somos. Cuando soñamos, entramos en un estado de comunión con el alma en el que ella nos cuenta historias de amor y nos revela el potencial que tenemos en esta vida. Es una oportunidad para conocernos mejor y para que disfrutemos de un proceso de manifestación creativo y emocionante.

2. Aportarle al mundo aquello que deseamos ver en él. ¿Quiénes queremos ser en este mundo y qué sentimientos queremos traer? ¿Cuáles son los valores que nos guían? Cuando nos cuestionamos qué tipo de mundo queremos ver y luego trabajamos con esa energía, nos acercamos más a esa versión de las personas que queremos ser. Soñemos con esa versión más grande de nosotras mismas y no la soltemos por nada del mundo.

Permitamos que cada acto y cada palabra que pronunciemos esté alineado con la persona que queremos ser y los valores que nos guían en la vida.

3. Observar la vida con una mente de principiante. Olvidemos lo que conocemos hasta ahora, lo que es común y las creencias de la sociedad sobre cómo debe ser la vida. Nuestro pasado no determina el futuro. Los sueños no pueden manifestarse si tenemos creencias, pensamientos y emociones que lo atan y lo mantienen en el pasado. Nuestros sueños necesitan libertad y expansión, porque quieren llegar mucho más lejos de lo que podemos imaginar. ¿Cómo sería la vida si nuestro entorno fuera completamente distinto? Preguntémonos cómo sería nuestra vida si las creencias sobre la realidad fueran diferentes, si viviéramos en un país con una cultura completamente distinta o si fuéramos extraterrestres que llegaron a este mundo sin conocer cómo funcionan los humanos. Olvidemos lo que conocemos y no permitamos que el pasado sea una referencia para el futuro.

4. Utilizar la creatividad y la imaginación para ir más allá y acercarnos a los sueños más imposibles. Juguemos con nuestra perspectiva de la vida, pretendamos ser otra persona, cuestionemos las creencias, busquemos nuevas formas de ver la realidad y salgamos del molde en el que vivimos.

5. Cuestionar todo. Cuando exploramos el mundo a nuestro alrededor y cuestionamos todo lo que creíamos que era real, encontramos nuestra propia verdad y esa verdad es la única válida. No tenemos por qué creer algo solo porque el resto de las personas lo cree. Investiguemos, leamos y busquemos nuestra propia verdad sobre la vida. Abramos los ojos a un mundo infinito de posibilidades al frente nuestro. Si hay personas en este mundo que con recursos limitados y menos oportunidades han logrado cumplir los sueños más increíbles, no hay razón por la cual nosotras no podamos también. No estamos beneficiando a nadie cuando nos callamos, disminuimos nuestra luz y aceptamos la verdad de otro porque no nos creemos capaces de buscar la nuestra. Vivimos en la era de la información y de Internet, en la que todo está disponible si queremos llegar a ello.

6. Seguir las pasiones. Exploremos lo que nos encantaba hacer de niñas en nuestro tiempo libre y lo que haríamos gratis hoy. ¿Qué hace que nuestro corazón baile de la felicidad? Sintonicémonos con esa fuerza energética de la pasión y busquemos canalizarla en algo que sea una expresión auténtica de nuestro Ser.

7. Soltar el control. No intentemos controlar los sueños, calcular los resultados de nuestros actos o manipular lo que está ocurriendo en nuestro entorno. La dueña de nuestra vida no es la mente. Cuando ejercemos control sobre algo, estamos manteniendo los sueños atados con poco espacio de libertad y nos apegamos emocionalmente a los resultados, lo cual solo nos frustrará aún más. Dejemos ir el control y permitamos que las cosas fluyan y que se puedan manifestar.

El sueño más grande que podamos imaginar es una fracción de nuestro potencial y de todo lo que podemos lograr. Si nos abrimos a nuestro potencial, expandimos esa sensación de abundancia y grandeza en el corazón, nos sentimos cada vez más empoderadas y merecedoras de la vida que estamos destinadas a vivir, lograremos atraer eso a nuestra realidad.

Los sueños necesitan espacio para florecer y nuestra tarea es sembrar y cuidar de la semilla para que pueda crecer sanamente. Esta semilla ya tiene toda la información de lo que se va a manifestar dentro suyo. Nuestra tarea es cuidar de ella, entregarle pensamientos positivos y darle las condiciones necesarias para su crecimiento. Como cada pensamiento crea una manifestación en el espacio físico, es nuestro trabajo creer con fe que nuestros sueños ya están en nuestra realidad y conectarnos con nuestra intuición para poder escuchar las señales que nos indicarán el camino. Nosotras ya tenemos todas las herramientas y la información necesaria para hacer realidad los sueños. Solo necesitamos entrar en el silencio para escuchar el camino y creer que es posible lograrlo.

La historia más linda jamás contada nunca ocurrió gracias al poder de la mente, ocurrió por el poder de los sueños. Los sueños son un llamado de nuestro corazón y del alma que buscan expresarse plenamente en este mundo. Tenemos por delante una vida que no ha sido vivida al máximo y una oportunidad de hacer de ella algo impresionante. No cedamos nuestro poder a las creencias o a los pensamientos negativos de otras personas, no limitemos nuestro corazón por miedo a qué dirán otras personas sobre nosotras. No estamos diseñadas para entrar en un molde que le pertenece a otra persona, porque nos sentiremos aplastadas y frustradas en él. Es posible crear una nueva realidad que esté alineada con nuestros sueños más grandes.

LOS MOMENTOS DIFÍCILES TAMBIÉN PASAN. TODO PASA.

Los procesos de transformación que he vivido en estos últimos años han tenido en común ciertas emociones. Una de ellas ha sido la frustración cuando pareciera que no estoy avanzando con mis metas o cuando nada resulta como yo deseo. Cuando esta sensación llega, caigo en la trampa de pensar que quizás no debí haber intentado arriesgarme en algo nuevo y me embarga una sensación de miedo al pensar que nunca más volveré a sentirme tan feliz como antes, a pesar de que ese recuerdo de la felicidad generalmente es idealizado. Tiendo a mirar al pasado con un sentimiento de anhelo y recuerdo solamente lo bueno, mientras que dudo del presente y de mis decisiones en el camino.

Ahora puedo ver que en los momentos en que he sentido frustración o desesperación por no avanzar es justamente cuando me he desconectado de mi camino espiritual. Cuando nos habituamos a una práctica espiritual diaria, las situaciones de la vida se vuelven más fáciles de manejar y de enfrentar, porque tenemos fe y confianza en que están ocurriendo por una razón y que todo es perfecto tal cual está ocurriendo. A pesar de que puede que no tengamos ganas de meditar o de orar, es justo en esos momentos de debilidad o frustración en los que más debemos regresar a nuestras prácticas espirituales. Solo así nos sentiremos apoyadas por algo más grande que nosotras mismas y lograremos conectarnos con la sabiduría interna que nos guiará hacia donde debemos ir. Esta práctica no solo puede ser meditar, sino también acercarnos a la naturaleza, oír alguna música que nos inspire, leer un libro o asistir a una clase de yoga. Cualquier actividad que nos ayude a conectarnos con nosotras mismas nos ayudará a alinearnos con nuestro centro y a crear suficiente espacio para poder reconocer lo que es importante y permitir que lo que no es importante continúe su camino.

Por su naturaleza, todas las emociones, tanto buenas como malas, son neutrales y pasajeras. La alegría, la tristeza, la frustración, el miedo o el enojo son un ejemplo de ello. Lo único que es permanente es lo que realmente somos: nuestra verdadera esencia. A veces los sueños parecen estar en peligro por las emociones, especialmente por aquellas que percibimos como negativas, pero tenemos que aprender a ver que no nos definen ni tampoco son reales. Las emociones siempre serán pasajeras y es posible regresar a una emoción de paz en el momento en que lo decidamos.

A veces tendemos a apegarnos a los sentimientos de felicidad esperando que se queden para siempre y rechazamos el sentimiento de dolor o tristeza. Las emociones o los sentimientos que etiquetamos como negativos, como la culpa, el enojo, la rabia, la tristeza o el egoísmo, son una parte importante ya que nos permitirán vivir una experiencia plena como seres humanos. Estas emociones tienen también una razón de ser y su energía es igual de valiosa que la de la felicidad. No es necesario juzgar lo que estamos sintiendo. Podemos permitir que las emociones fluyan y que se expresen libremente en el cuerpo. Cuando las reprimimos o las rechazamos, el cuerpo físico las mantiene atrapadas y creamos bloqueos energéticos que luego derivan en alguna enfermedad.

Las épocas de tristeza o falta de esperanza siempre son una invitación para ir hacia adentro. Escuchemos nuestras necesidades y abracémonos con compasión. Sintamos el movimiento de energía en nuestro interior y las emociones que surgen en el proceso. Permitamos que todo fluya, démosle la bienvenida con amor a las emociones que llegan y despidámonos con gratitud por lo que nos enseñaron. La energía siempre tiene que fluir para poder transformarse y mantener la vida; es un flujo constante que es parte de la naturaleza. Conectémonos con esos ciclos sagrados que nos ayudarán a recordar que nada es permanente y que nosotros también somos parte de la Madre Tierra. No olvidemos que todos los sueños tienen sus ciclos y es importante honrar estas etapas más oscuras. Eventualmente llegará el momento de volver a florecer y las ganas de crear algo nuevo y surgirán la motivación y la energía para emprender un proyecto.

Todos los procesos de transformación tienen sus momentos de dificultad y requieren que salgamos de nuestra zona de confort. Es normal que este paso fuera del área que conocemos nos cause miedo y resistencia. A veces tenemos que enfrentar emociones que no estamos acostumbradas a sentir o nos vemos en la obligación de propiciar conversaciones incómodas. Inclusive, es fácil buscar refugio en las memorias del pasado o desear que la situación sea distinta para así poder evitarla. Pero esto solo bloquea el proceso de crecimiento interno que estamos buscando y nos lleva a sentir una enorme frustración. El pasado ya pasó y no podemos regresar a él. Lo mejor que podemos hacer es avanzar y utilizar todas las herramientas que hemos aprendido en el camino para tomar una mejor decisión en el futuro.

Si nos enfocamos en los regalos que cada proceso interno nos ha traído, inclusive los más difíciles, nos daremos cuenta de que estamos en deuda con la vida misma. Yo he recibido más bendiciones y abundancia en estos años que lágrimas derramadas. Tengo un profundo agradecimiento por el camino recorrido, porque me ha traído a donde estoy hoy y estoy segura de que nada ha sido en vano.

PARA PONER EN PRÁCTICA

OBSERVA TUS EMOCIONES Y APRENDE A REACCIONAR CON SABIDURÍA

Observa tus emociones durante el día. Cada vez que surja una emoción como la tristeza, la frustración o la rabia, no la juzgues. Simplemente obsérvala y piensa: "Qué interesante, la tristeza está aquí". Siente cómo la emoción fluye por tu cuerpo, sin bloqueos ni resistencia. De igual forma, nota cómo lentamente pierde su poder y continúa su camino.

RENDIRNOS (SIN DARNOS POR VENCIDAS)

Las pruebas que nos demuestran que nos encontramos en el camino de cumplir nuestros sueños nos harán cuestionarnos muchas veces si realmente queremos perseguirlos. Nos preguntarán si estamos dispuestas a caminar en la oscuridad, a despertar súbitamente en las noches con un dolor agudo, a llorar y a enfrentarnos con nuestro lado oscuro. Tenemos que saber que, al aceptar el reto, estaremos embarcándonos en un camino sin garantías que nos llevará hasta nuestros límites y derrumbará todas las estructuras que conocemos. También tendremos que hacer múltiples duelos y dudaremos más de una vez si esto es lo que queremos o deberíamos estar haciendo. El pasado parecerá regresar al presente y el futuro no se verá; todo se volverá confuso y perderemos la noción de quiénes somos más de una vez. La intensidad de tantas emociones nos llevará al límite y cuando sintamos que ya no nos quedan fuerzas para aferrarnos a nuestra vida actual, veremos que es necesario rendirnos.

Rendirnos es entregarnos con fe ante una fuerza superior y ante la vida; en cambio, darnos por vencidas es cuando dejamos de luchar por algo que es importante para nosotras porque creemos que no es posible lograrlo. Podemos rendirnos en el camino de los sueños, pero no nos podemos dar por vencidas. Al rendirnos, mantenemos la esperanza y la fe de que los sueños igual se harán realidad. Al rendirnos, estaremos aceptando que debemos apoyarnos en un Ser Superior y en la divinidad, reconoceremos que todo está unido y que pedir ayuda no nos hace débiles; todo lo contrario: nos hace más fuertes.

En nuestra rendición está la recompensa inevitable, la libertad que buscamos, el perdón hacia nosotras mismas o un milagro. Es en ese momento cuando finalmente nos entregamos en silencio a la vida, porque no hay nada más increíblemente maravilloso que vivir, cuando reconocemos que cada día es un regalo y que todo lo que sucedió siempre es perfecto. Confiamos en que todo está ocurriendo tal cual tiene que ocurrir, que la vida siempre va un paso adelante y que los tiempos de Dios son perfectos.

Regresemos a nuestro centro en todo momento, una y otra vez, sin darnos por vencidas. Todo está siempre desenvolviéndose de la mejor manera posible para nuestro crecimiento espiritual. Confiemos en que la vida nos puede sostener y llevarnos de la mano a un mundo nuevo. Si lo creemos con firmeza y confiamos en la vida, la seguridad será nuestra realidad.

Además, aunque el camino no es fácil, debemos tener presente que siempre estamos acompañadas. Nuestro corazón nos avisará si vamos por buen camino, nos alertará cuando nos hemos desviado y buscará ayuda cuando la necesitemos. Los ángeles y las energías superiores también nos acompañarán. Solamente tenemos que pedir su ayuda a través de la palabra. Nos podemos conectar en cualquier momento del día con nuestros ángeles y pedirles ayuda directamente. Ellos nos enviarán señales y con ellas sabremos qué hacer. Nuestra alma tiene una visión completa de todo lo que está ocurriendo, más allá de lo que la mente o los cinco sentidos pueden percibir y nos abrirán las oportunidades que no creíamos posibles. Solo tenemos que confiar en su poder.

La vida se vive así: viviéndola. Estamos aquí con un cuerpo físico, con pensamientos y con emociones. Si no fueran importantes, no formarían parte de la experiencia. Vivamos la vida sintiendo todo esto y observando cómo hacen parte de esta ilusión. Regresemos al balance de ser las observadoras de nuestra experiencia mientras la estamos viviendo.

PARA PONER EN PRÁCTICA

EJERCICIO DE VISUALIZACIÓN: CONÉCTATE CON TUS ÁNGELES

Para empezar, siéntate cómodamente y cierra los ojos. Toma dos respiraciones profundas. Inhala y exhala por la nariz.

Ahora, imagina que en el centro de tu corazón hay una chispa de luz pequeña de color dorado con destellos rosados. Con cada inhalación, esta luz va creciendo cada vez más y poco a poco tu pecho se va llenando de luz rosada y dorada. Luego, todo tu abdomen se llena de esta luz y finalmente todo tu cuerpo.

A medida que crece esta luz, tu cuerpo se va llenando de paz y amor. Ahora imagina que esta luz sigue creciendo aún más y cubre también toda tu aura.

Te convertiste en una luz brillante que ilumina todo a tu alrededor.

Allí donde estás, con los ojos cerrados háblales a tus ángeles. Cuéntales lo que te preocupa, lo que agradeces y lo que amas en tu vida. Pídeles ayuda en lo que necesites. Ellos están aquí para ayudarte y aman hacerlo. Siente la paz y la serenidad que nace después de tu conversación con ellos. Siente su dulzura y su amor.

Continúa respirando y siente la paz y la tranquilidad que emana de la luz divina y de tu conexión con tus ángeles, mantén ese sentimiento contigo unos minutos más. Una vez que estés lista, abre los ojos y di para ti misma: "Estoy acompañada por la luz y el amor divino".

Puedes conectarte con los ángeles y con los seres de luz en cualquier momento del día. Ellos estarán felices de ayudarte y de escuchar todas aquellas cosas que te preocupan. Además, constantemente te envían señales en forma de plumas, números repetidos, corazones, en algún pasaje de un libro y por medio de las palabras de otros, las cuales te muestran el camino y te recuerdan su presencia. Cuanto más te abras a escuchar sus señales, más te podrás conectar con su energía y te sentirás protegida y acompañada.

LAS OPINIONES DE OTROS SOBRE NUESTROS SUEÑOS

Los sueños requieren de la energía de la intención y la fuerza de la fe para poder manifestarse, porque estas son energías volátiles y muy livianas y ellos tienden a ser débiles ante la crítica y el cuestionamiento. Y así como llegan se pueden desvanecer, por lo que tenemos que cuidarlos y creer en su potencial para que puedan crecer con fuerza. Nuestra intención y el amor que ponemos en nuestros actos son el motor que los sueños necesitan para hacerse realidad. No expongamos nuestros sueños a la crítica de otras personas, en especial, aquellas que no conocemos, porque podemos debilitarlos.

Soy una soñadora compulsiva y más de una vez me han dicho que "vivo en las nubes" o me han aconsejado que "sea realista". Cuando soñamos en grande, inevitablemente llegará un momento en el que alguien nos criticará los sueños o nos dirá que eso que creemos es imposible. Cada quien es libre de opinar lo que desee sobre nuestros sueños, pero al final ese es su problema, no el nuestro. La protección de nuestros sueños es vital para poder manifestarlos, en especial de la crítica mal intencionada.

PARA PONER EN PRÁCTICA

DICCIONARIO DE VIDA

Preguntarte qué significa para ti la realidad y crear tu propio diccionario de definiciones sobre la vida te permitirá entender mejor tu camino. No tienes por qué pedir disculpas o avergonzarte por tu forma de ser o por tus sueños. Si actúas desde el corazón, con amor y valores, alineada con la divinidad, no le harás daño al mundo, por lo que no hay por qué justificar tus actos. Te invito a crear un diccionario de vida en el que incluyas tu propia definición de muchas palabras y te preguntes qué significado tienen para ti.

Puedes iniciar definiendo palabras como:

- Abundancia: _____
- Autenticidad: _____
- Compasión: _____
- Devoción: _____
- Resiliencia: _____
- Sueños: _____
- Libertad: _____
- Vulnerabilidad: _____

SUMEMOS OPORTUNIDADES Y ALEGRÍAS A NUESTRA VIDA

Hay un mito alrededor de los sueños que dice que no se puede tener todo lo que queremos en esta vida. Muchas veces esta creencia está en la mente y en las palabras que nos decimos a nosotras mismas. ¿Sentimos que tenemos que sacrificar un sueño por hacer otro realidad? ¿Que todo lo que deseamos no puede existir simultáneamente?

Cambiemos nuestras creencias sobre la vida y exploremos la posibilidad de pasar de pensamientos excluyentes, como por ejemplo, "tengo que escoger entre tener una familia o viajar alrededor del mundo" por "puedo tener una familia y viajar alrededor del mundo".

La vida toma nuestras palabras y pensamientos como si fueran la realidad. Cuidemos cómo nos hablamos a nosotras mismas y lo que permitimos que ingrese a nuestro espacio.

Tenemos que creer que la vida nos apoya y nos permite tener-lo todo para que lo podamos tener. Si estamos pensando que no es posible desde un principio, allí mismo estaremos anulando nuestra oportunidad de avanzar.

Cuando elegimos ver el mundo como un lugar abundante, podemos tener todo lo que soñamos. Cortemos las creencias limitantes que nos impiden avanzar, porque si no lo hacemos con nuestras propias manos, nunca vamos a poder liberarnos de ellas. La sociedad no nos va a cortar estos pensamientos; este es un trabajo interno. Busquemos sumar oportunidades y alegrías en la vida, no excluirlas de nuestra realidad. Hagamos una lista de las creencias que tenemos que no nos pertenecen a nosotras y luego cambiémoslas por frases que nos hagan sentir empoderadas y que nosotras elijamos tener.

Aunque no podemos cambiar la realidad de otras personas, sí podemos cambiar la nuestra y tenemos todas las herramientas para hacerlo. Regresemos a la práctica diaria, rodeadas de personas que nos inspiran, conectémonos con la naturaleza y aprendamos a escuchar las señales del cuerpo físico que nos indica, como una brújula, cuándo vamos por el camino correcto o no.

LOS SUEÑOS Y LA CULPA

¿Les ha pasado que piensan: "Me siento culpable por perseguir mis sueños"? Esta es una de las frases más comunes que escucho cuando hablo de los sueños. Creemos que al perseguir nuestros sueños estamos limitando el potencial de las personas a nuestro alrededor o quizás sentimos que al vivir plenamente nuestros sueños, no tendremos tiempo o energía para los que amamos. Nada puede estar más lejos de la verdad que esa creencia. La felicidad de nuestra familia y las personas a nuestro alrededor está en directa proporción a nuestra capacidad de brillar y pertenecer plenamente a este mundo.

El sentimiento de culpa es universal, la culpa no discrimina y le encanta particularmente atacar los sueños. Escucharla es una de las formas más fáciles de limitar nuestro potencial, mantenernos en la zona confort y autoconvencernos de que quedarnos allí es lo moralmente correcto.

Por mucho tiempo sentí culpa cada vez que viajaba lejos de vacaciones. Veía que las personas alrededor mío querían hacer lo mismo, pero por diferentes razones no les era posible. Eso causaba en mí un gran sentimiento de culpa y una necesidad de justificar mi viaje o de pretender que en realidad no era tan maravilloso como parecía. Disminuía mi luz y mataba mis sueños para que otros se sintieran mejor alrededor mío. Si no controlaba ese sentimiento terminaba sintiéndome culpable durante todo el viaje y no llegaba a disfrutarlo plenamente. Ahora sé que el sentimiento de culpa nunca ha hecho que una situación mejore ni permite que la energía pueda fluir y expandirse.

La culpa tiene una energía que limita y estanca nuestros sueños. Es una de las emociones con más baja vibración energética. Es la suma de todas aquellas creencias limitantes y sobre todo del condicionamiento tan fuerte de la sociedad en la que vivimos. Es una emoción que paraliza y presiona el alma y que al final puede convertirse en una jaula de sueños.

Nosotras no somos las víctimas de nuestras circunstancias ni merecemos sentir culpa. Somos libres de escoger la dirección de nuestra vida. Utilicemos la culpa como una referencia de los pensamientos y las creencias con las que nos estamos identificando. Cuando traemos esa presencia y ese interés sobre el momento presente, descubrimos que la culpa puede pasar sin que nos identifiquemos con ella. Permitamos que la culpa siga su camino sin que nos identifiquemos con ella.

Hay muchas formas de perseguir los sueños sin necesidad de sentir culpa. Nuestras preocupaciones sobre el dinero, la familia o los sentimientos ajenos a la hora de seguir los sueños son válidas. Pero se pueden manejar de muchas maneras sin que limiten nuestra expresión sobre este mundo. Cuando vivimos con propósito y desde nuestro centro, ayudamos a otros a regresar a su origen y a encontrar su propia felicidad. Les enseñamos el camino y los inspiramos a seguir sus propios sueños. Les aseguro: el mundo no será un mejor lugar ni nosotras seremos más felices por apagar o disminuir nuestra luz.

Manejemos el sentimiento de culpa abriendo canales claros de comunicación, estableciendo siempre cuáles son nuestras prioridades y los proyectos que apoyan nuestro camino. Seamos honestas con nosotras mismas siempre y busquemos formas de expresar lo que queremos hacer de una forma constructiva, que permita que nosotras y las personas en nuestro entorno puedan ser plenas, tanto individualmente como en conjunto. Las personas que nos quieren y que están presentes en nuestra vida quieren vernos felices y viviendo con propósito; su intención no es vernos tristes, ni atrapadas en una situación en la que no queremos estar. Ellos pueden sentir energéticamente nuestras culpas y esto también les causa dolor.

Es muy difícil expresar nuestra luz si nos mantenemos en una situación en la que estamos tristes o frustradas. Con cada día que nos frustramos más, crecerá en nosotras una mayor necesidad de salir de dónde estamos. Si vibramos en el mismo nivel que nuestros sueños, rápidamente veremos que todo comienza a alinearse, que las situaciones que creíamos que no tenían solución de repente se acomodan y que la vida conspira para ayudarnos a cumplir nuestros sueños.

SOBRE LAS DISTRACCIONES Y LA COMPARACIÓN

La envidia es una energía muy tóxica para los sueños, pero quizás la más tóxica de todas es el no aceptarnos a nosotras mismas y desear ser una persona que no somos. La baja autoestima o frustrarnos por la vida que estamos llevando son ambas frecuencias muy bajas porque cuestionan y niegan nuestra propia perfección y nuestra habilidad para manifestar lo que deseamos. Somos una expresión de la creación divina y, cuando nos reprochamos a nosotras mismas, nos criticamos o deseamos ser diferentes, estamos expresando eso mismo de la divinidad. Cuando nos comparamos con otros o sentimos envidia, estamos vibrando en una frecuencia completamente opuesta a la de luz y a la de los sueños. Parte de nuestro trabajo diario es reconocer esta divinidad en uno y en los otros también.

Las redes sociales y la realidad que vivimos hoy en día están basadas en la comparación y la distracción. Deseamos la recompensa inmediata en todo y el valor propio se mide por la aceptación de otros. Cuando sintamos que estamos cayendo en la trampa de la comparación o de desear tener lo que otra persona tiene, recordemos que la comparación, la ira y la envidia son emociones que provienen del ego. Es una energía separada de nuestra verdadera esencia.

El ego no entiende por qué no podemos competir e intentará convencernos de que esa sensación nos ayudará a ser más felices o a sentirnos mejor sobre nosotras mismas, pero nosotras ya sabemos que eso no es verdad. Tenemos suficientes herramientas para observar alerta lo que está ocurriendo y decidir cuál creencia va a determinar nuestra vida. Esos momentos de consciencia se verán reflejados en nuestros actos y nos ayudarán a regresar a nuestro centro, lejos de la pantalla de la comparación.

Cuando sintamos envidia o ganas de compararnos con alguien más, recordemos que vinimos a este mundo a cumplir el propósito de ser nosotras mismas y pidamos en voz alta que los ángeles o Dios nos quiten esos sentimientos y nos ayuden a recordar quiénes somos y por qué estamos aquí.

Traigamos amor y compasión por nosotras mismas en todo momento. Recordemos que nuestro camino es perfecto y que todo lo que estamos viviendo es parte del proceso de conocernos mejor. No importa lo que estén haciendo las demás personas; nuestro camino es especial porque es el nuestro. Si nos viéramos con los ojos de amor con los que nos ve el Creador, no nos estaríamos lastimando con palabras negativas, comparaciones o sentimientos de autodestrucción.

PARA PONER EN PRÁCTICA

ACTIVA TU CAPACIDAD DE SOÑAR

En todos los años que llevo trabajando como *coach* me he dado cuenta de que hemos perdido la capacidad de soñar. Cuando me refiero a la habilidad de soñar, no estoy hablando de desear cosas físicas; me refiero a la habilidad de abrir la mente y de permitir que la energía de creación nos muestre un camino distinto. Vamos a trabajar la capacidad de soñar como si fuera un proyecto.

Durante un día observa la vida a tu alrededor y realiza el ejercicio de buscar una forma diferente de hacer las cosas. Imagina que estás viviendo la realidad de otra persona e identifica cómo se sentiría vivir como ellas su día a día.

¿QUÉ NOS LIMITA A LA HORA DE CREAR LOS SUEÑOS?

Estamos acostumbradas a enfocarnos en los sueños y en la grandeza, pero olvidamos que soñar también es un proceso en sí. Es un verbo que necesita práctica para expandirse hacia lugares desconocidos y llevarnos a donde queremos ir. ¿Cómo podemos trabajar la capacidad de soñar? Primero comencemos a explorar las cosas que nos gustan, que nos hacen sentir felices, que nos motivan y observemos cómo viven otras personas que hacen eso que a nosotras nos hace tan felices. Identifiquemos nuestras pasiones y saquemos tiempo para ellas todos los días. Observemos la vida con interés, porque hay mucho más en ella de lo que podemos imaginar.

Luego, analicemos qué nos drena la energía y bloquea nuestros sueños. ¿Qué personas, comportamientos o situaciones nos causan estrés, ansiedad o negatividad? Quizás es una emoción negativa, un sentimiento de culpa o voces internas que nos dicen que no es posible lograr lo que deseamos. El mundo está lleno de millones de personas que están haciendo lo que aman y siguiendo sus sueños nosotras también podemos ser como ellas. Las invito a observar sus creencias, a cuidar sus sueños y a fortalecer su capacidad de soñar. En poco tiempo se convertirán en soñadoras compulsivas y podrán ver en su mente cosas que jamás imaginaron.

Capítulo 4

SOLTEMOS LO QUE LIMITA LOS SUEÑOS

Gratitud
Convierte los problemas en bendiciones y lo inesperado en regalos.

Dejemos ir lo que nos limita

En el capítulo anterior abrimos el canal de energía para aumentar nuestra capacidad de soñar. Quiero que imaginemos que nuestro cuerpo físico es un canal para que la energía divina de creación pueda manifestarse físicamente en este mundo. La luz fluye por medio de nuestros centros energéticos y sale al mundo a través de lo que creamos. Esta energía nos entusiasma para poder salir al mundo a cumplir nuestros sueños, pero si este canal está contaminado con creencias, o emociones tóxicas o no expresadas, el paso de esta energía será más difícil.

Tenemos abierta una puerta a una energía intensa de creación y con un poder muy grande para sanar el mundo entero. Pero como toda energía necesita fluir, especialmente porque es muy intensa, tiene toda nuestra intención en ella y si se queda bloqueada en nuestro cuerpo físico, nos creará ansiedad e inclusive problemas físicos. La ley del balance nos dice que todo lo que entra tiene que salir. Caminar livianas por este mundo significa dejar ir aquellas cosas que bloquean la manifestación de la luz divina por medio de nosotras. Cuantos menos factores limiten el flujo energético, mejor.

Los factores que bloquean nuestros sueños son insignificantes en comparación con el potencial infinito de todo aquello que queremos manifestar. Nos estamos haciendo un daño enorme a nosotras mismas y al mundo entero si no expresamos todo aquello que quiere salir, pero para lograr expresarnos libremente tenemos que limpiar nuestro canal energético.

Este es un paso que se narra en *La historia más linda jamás contada* y aunque nos encantaría saltarlo o ignorar que hay cosas por limpiar, en algún momento de nuestra vida tendremos que enfrentarlo. Mi recomendación es que lo hagamos ahora. A veces hay que ser valientes y enfrentar las cosas que nos dan miedo ver. Dejar ir lo que ya no nos pertenece o no nos sirve es una de las mejores cosas que podemos hacer por nosotras mismas.

Reconocer el lado oscuro o aquellas cosas que nos han frenado en la vida no es una tarea fácil. Tenemos que armarnos de fuerza y valentía para ver las culpas que cargamos, los miedos que nos han limitado, la falta de perdón hacia nosotras mismas y el daño que nos hemos hecho con las palabras. El balance de la cuenta final no siempre es positivo: a veces nos hemos hecho más daño que bien, pero este es el momento para enfrentarnos con esto, pedir perdón, traer compasión y sanar. Ya lo que pasó se fue y no podemos continuar cargando con la energía estancada del pasado, nos está causando mucho daño y podríamos estar poniendo toda esa energía en una vida nueva.

Las emociones negativas

Vivimos en una sociedad a la que le encanta la gratificación instantánea. Desearíamos que todo fuera fácil y que estuviera disponible ahora. Nadie nos enseña a lidiar con las emociones que no nos gustan y preferimos sentir la sensación de placer permanentemente. Pero el placer está ligado a factores externos y eso siempre causará una satisfacción temporal y fugaz. Nunca lograremos ser suficientemente felices si la felicidad depende de algo que está en constante cambio.

Nos encontramos atravesando un momento de un despertar colectivo en el que hay mucho dolor. No sabemos cómo lidiar con las emociones de dolor, rabia, rencores o duelos, porque las hemos tildado como "negativas" y no hay suficiente educación acerca de qué hacer con ellas. La Madre Tierra llora, los seres vivos sufren y nosotras también sufrimos frente a todo esto. Como sociedad no hablamos lo suficiente sobre cómo lidiar con las situaciones que nos causan dolor, como por ejemplo, las injusticias y el sufrimiento en el mundo. Nos sentimos incómodas frente a su presencia y desearíamos que fuera removido de nuestra realidad lo más pronto posible. No somos conscientes de que el cuerpo físico absorbe todo de alguna manera, aunque no lo sepamos expresar. Y el problema es que no existe una pastilla que elimine este dolor.

Más de una vez he escuchado la creencia de que si ignoramos las noticias negativas y el sufrimiento del mundo, no formará parte de nuestra realidad, pero el sufrimiento individual y el del mundo están ahí, aunque volteemos la cabeza y nos rehusemos a verlo. La negación de nuestro lado oscuro, individual o colectivo, está consumiéndonos lentamente. Al esconder la sombra y el lado oscuro, estamos alimentando las emociones de enojo y de frustración, terminamos culpando a otros de cómo nos sentimos y evitamos la responsabilidad por esos sentimientos. El dolor y la frustración estarán allí hasta que tengamos la fuerza para parar y reconocerlos con amor y compasión. El lado oscuro individual y el colectivo son dos partes de un Todo y solo podremos sanar cuando reconozcamos que ambos están allí.

Este dolor debemos sanarlo primero de manera individual ya que esta energía afecta la colectiva y cada acto, por muy pequeño que parezca, nos acerca al mundo que queremos ver. Reconozcamos nuestro propio dolor, sintámoslo en el cuerpo físico y permitamos que la energía fluya y traiga el perdón. No somos víctimas de la vida ni de las circunstancias y tenemos el poder personal para ver cada situación de manera distinta.

Observemos nuestros pensamientos y creencias limitantes. Reconozcamos nuestros miedos. Suavicemos el corazón frente al dolor de otros. Traigamos compasión y lloremos si es necesario. Observemos el enojo y el ataque como lo que es: un ataque a nosotras mismas. Regresemos a la conexión con la divinidad en todo momento, pero sobre todo, perdonemos a otros y a nosotras mismas. Cuando perdonamos, dejamos ir esa energía que nos ata y que nos mantiene débiles y vemos la divinidad en todos los seres humanos.

PARA PONER EN PRÁCTICA

RECONOCE LAS CREENCIAS Y LOS PENSAMIENTOS LIMITANTES

Cada pensamiento, emoción o sensación que tienes es, por su propia naturaleza, *impermanente*. Los pensamientos son especialmente fugaces, van y vienen y es imposible mantenerlos en la mente por más de una fracción de segundo. Intentémoslo ahora: observemos el pensamiento que cruza por la mente en este momento y tratemos de mantenerlo fijo, sin que pase. Es imposible; se irá por sí solo. Así, la única forma de mantener un pensamiento fijo en nuestra mente es repitiéndolo, lo cual implica que hay un espacio entre cada pensamiento en el que podemos tener la consciencia necesaria para cambiarlo.

Entrena tu mente para que los pensamientos no te dominen y observa con atención todo aquello que está ocurriendo en tu realidad, en especial aquellos pensamientos limitantes. Esto es algo que requiere disciplina y conciencia sobre cada momento del día, pero solo así seras capaz de "atraparlos" y de cambiarlos por pensamientos que empoderen tus sueños.

PASOS PARA CAMBIAR TUS PENSAMIENTOS Y LAS CREENCIAS LIMITANTES

Paso 1: observa los pensamientos con atención

Imagina por un segundo que puedes salir de tu cuerpo físico y observarte mientras lees este libro. Cuando lo hagas te convertirás en una observadora de tu experiencia. Es como si fueras a cine a ver una película en la cual tú eres la protagonista.

Cuando creas la distancia suficiente entre tú misma y la situación que está ocurriendo en el momento, puedes responder a ella con más claridad y presencia.

Ahora observa, desde ese espacio, qué ocurre en el cuerpo físico cuando piensas o sientes algo negativo, por ejemplo, cuando sientes miedo. ¿Cómo te ves desde afuera? ¿Cambia la expresión de tu cara? ¿Mantienes la misma postura frente al miedo? Observa con atención desde afuera, como si estuvieras siendo testigo de la situación. Sin juzgar ni analizar, simplemente observa para ver qué ocurre cuando sientes miedo.

Paso 2: nombra claramente el sentimiento, el pensamiento o la emoción que llegó en ese momento

Por ejemplo, si sientes miedo no digas "siento miedo", sino "el miedo está aquí". Reconoce que un sentimiento que se llama miedo llegó, pero que no hace parte de tu experiencia. Esto te ayudará a crear una perspectiva diferente de la situación y te dará el espacio necesario para que puedas observarlo tal cual es: una emoción que no es parte de nuestra verdadera naturaleza. Es algo externo que entró a tu experiencia, pero que no determina quién eres.

Paso 3: respira profundo y regresa a tu centro de balance.
Acepta la situación tal cual como está ocurriendo y di en voz alta: "Qué interesante". Observemos cómo se siente en el cuerpo físico cuando decimos esto, ¿sentimos expansión o contracción en el cuerpo físico? ¿El sentimiento parece tener un color o una figura? Aceptemos que esta emoción está aquí y demos gracias por su presencia. No nos involucremos más de lo necesario con la emoción, simplemente observémosla por lo que es: una sensación pasajera. Evita caer en un diálogo interno sobre por qué está aquí o cómo te afecta su presencia.

Paso 4: una vez que reconozcas la presencia de esa emoción o pensamiento, permite que continúe su camino y déjalo ir.
Quítale el poder que pueda tener esa emoción sobre tu realidad. Eres la observadora de tu experiencia; no eres lo que está ocurriendo. Así que permite que esa emoción salga de tu espacio tan rápido como llegó a él.

Paso 5: reemplaza la emoción o el pensamiento negativo por una creencia que te haga sentir empoderada.
Por ejemplo, el miedo se puede reemplazar por la frase "todo va a estar bien". Utiliza una afirmación positiva para contrarrestar cualquier sentimiento negativo. Al hacerlo, serás consciente de que lo positivo no se limita a quién eres; es simplemente una emoción que llega en este momento a formar parte de tu experiencia. Puedes hacer este ejercicio cada vez que vengan a ti creencias o pensamientos que limiten tu mente.

Recuerda que la mente se puede entrenar. Es una tarea que requiere disciplina y trabajo diario, pero cuando logres hacerlo, serás capaz de ver los resultados en el plano físico mucho más rápido y todo estará más alienado con la realidad que quieres ver. Tener la capacidad de tomar responsabilidad por tu realidad es un gran acto de valentía y más grande aún es dar el paso para cambiar esa realidad.

Sobre los miedos

El miedo es la razón principal por la cual evitamos hacer muchas cosas en la vida, incluso seguir nuestros sueños. Su energía es tan fuerte, que parece estar en una categoría completamente distinta a la de otras emociones. El miedo es una emoción normal que de manera sana nos protege y nos ayuda a sobrevivir, porque es la forma como entramos en alerta frente a un verdadero peligro.

Hay muchas razones por las cuales podemos sentir miedo y todas son válidas, porque forman parte de nuestra experiencia de vida y al final, si están en nuestra realidad, es porque nosotras permitimos que estuvieran allí. Ninguna persona en nuestro entorno tiene el poder de mantener un miedo adentro nuestro. Solamente nosotras podemos alimentarlo, protegerlo y mantenerlo cerca.

Lo primero que hay distinguir con respecto al miedo es si está allí porque nos está protegiendo de una amenaza real o si surge cuando salimos de nuestra zona de confort y nos atrevemos a hacer algo que implique cambiar ciertos patrones mentales que tenemos establecidos.

Los miedos del segundo tipo surgen cuando no estamos alineadas con nuestra verdadera naturaleza. Nuestra falta de seguridad sobre quiénes somos abre la puerta para que ingresen los miedos. Cuando no estamos actuando desde ese espacio de serenidad y expresión del espíritu, alimentamos esos sentimientos de inseguridad y miedo. La práctica diaria de devoción y la meditación nos ayudan a ver esos miedos por lo que son y a no identificarnos con ellos.

No veamos los miedos como una amenaza ni como algo que nos hace débiles o como una fuerza contra la que tenemos que luchar. Miremos los miedos con respeto y compasión, porque están ahí como una forma de protección.

¿Quiénes somos frente a nuestros miedos? ¿Cómo los recibimos cuando se presentan?

Observemos los miedos con amor y compasión. Su energía protectora es la misma que nos mantiene seguras, aquellos momentos en los que nuestra vida corre peligro. No intentemos destruirlos ni les entreguemos culpas que no les pertenecen; simplemente cuestionemos cómo estamos respondiendo frente a ellos en este momento y permitamos que continúen su camino.

ABRIR EL ESPACIO PARA HACER UN DUELO

Como les conté en el primer capítulo, la historia de mi vida no ha sido color rosa. Vengo de una familia disfuncional y con una carga de dolor muy fuerte. Hace varios años, por diversas razones, mi familia se dividió en dos bandos. Yo era joven cuando esto ocurrió y en ese momento no tenía todas las herramientas que tengo hoy en día para enfrentarlo. Siempre recibí apoyo psicológico, especialmente en los momentos más difíciles, pero no tenía una conexión espiritual ni la cercanía de mi núcleo familiar. Cuando esto ocurrió, mi instinto natural fue el de sobrevivencia. Me sumergí en las técnicas de desarrollo personal como un apoyo para ayudarme a enfrentar lo que estaba sucediendo en familia. Durante muchos años enfoqué mi vida hacia adelante, concentrada en mis proyectos y en vivir mi vida de la mejor forma posible, sin mirar hacia adentro.

Un duelo no solo se hace por las personas que mueren físicamente. Es necesario hacerlo por todo lo que ya no está en nuestra vida y que en su momento fue importante. Por muchos años me concentré en ser madre de mí misma y en salir adelante de una situación difícil. Y un día, en medio de una meditación, me di cuenta de que cargaba un gran dolor por las personas que ya no estaban en mi vida y que no había hecho un duelo por esas personas que amaba profundamente.

Esta realización llegó en medio de uno de los momentos de mayor satisfacción personal y laboral. Yo sabía conscientemente que tenía que hacer este duelo, aunque significara llorar un río, sentir lo que no me había permitido sentir por años y retirarme del trabajo por el tiempo que fuera necesario. Era más grande mi necesidad por ser libre y caminar liviana que el dolor, al tener que dejarlo ir o cargar con este sentimiento toda mi vida.

Los duelos nunca son fáciles, pero son una gran oportunidad para soltar y liberar el equipaje pesado y un regalo que nos entregamos a nosotras mismas. Requieren coraje y valentía, porque nos sumergimos y no sabemos cuándo saldremos a flote ni qué tan fuertes serán los sentimientos de tristeza que experimentaremos. No sabemos si saldremos bien del proceso, pero debemos tener la fe de que, si lo estamos viviendo así, es porque esa es la experiencia que tenemos que tener.

Mi mejor consejo a la hora de hacer un duelo es traer compasión hacia uno mismo en todo momento. También ayuda tener rituales de autocuidado, mimarse, ser pacientes con el proceso y no exigirse demasiado. Cuidemos nuestro cuerpo físico, busquemos apoyo profesional y seamos reservadas con nuestra intimidad. No todas las personas tienen por qué saber lo que está pasando, podemos elegir con quiénes hablamos y en dónde ponemos nuestra energía. No olvidemos que el alma está sanando y necesita de nuestro cuidado y, al igual que el cuerpo físico, necesita descanso y nutrición y su espacio de amor.

Por mi experiencia les puedo asegurar que hacer el proceso de duelo completo fue una de las mejores decisiones que pude tomar en los últimos años. El sentimiento de amor, compasión y perdón que surgió después de esto ha traído unos niveles de paz, calma y tranquilidad a mi vida que no hubieran llegado de ninguna otra forma. A veces las cosas más difíciles en la vida son las que más debemos hacer.

El proceso de soltar a las personas no remueve el amor que podamos sentir por ellas; todo lo contrario: lo fortalece. Al soltarlas, se convierte en un amor puro sin ego; de agradecimiento por lo que fue y las lecciones que nos dejó en su camino. Es un proceso que debemos hacer por nosotras mismas, no por el otro.

CÓMO MANTENER LA SERENIDAD FRENTE AL CAOS

Hay momentos en los que la vida parece una montaña rusa de emociones, entre miedos, alegría, apatía, amor, tranquilidad o frustración, pareciera que todas las emociones llegan una tras otra sin tener una lógica. Nuestra mente parece estar en un caos interno completo, aunque en la realidad no es así.

El aparente caos en nuestra vida necesita de nuestra presencia plena. La fuente de la serenidad, la felicidad y la libertad es ese espacio de presencia plena desde donde logramos experimentar la vida y ser las verdaderas cocreadoras de nuestra realidad. Es ese lugar en el que estamos completamente conscientes de que no somos nada de lo que está ocurriendo a nuestro alrededor y de que el mundo es un reflejo de lo que ocurre internamente. La felicidad y la libertad se encuentran adentro, lejos de todo aquello que ocurre alrededor.

Ya tenemos adentro muchísimas herramientas y el conocimiento necesario para seguir avanzando. La verdadera lección está en aplicarlo y en vivir ese aprendizaje. Tenemos que sentir todas las emociones plenamente, permitir que fluyan por medio de nosotros y regresar a nuestro centro una y otra vez y ser conscientes de que todo lo que está ocurriendo hace parte de la experiencia.

Para poner en práctica

Ejercicio de respiración para alcanzar la serenidad

La respiración es la forma más fácil de conectarnos en el día a día con nuestro centro y de sentir más paz y serenidad, inclusive en cualquier entorno. La vida entra a través de la respiración y es algo que hacemos constantemente durante todo el día, a veces sin siquiera estar conscientes de ello.

Esta respiración es fácil de realizar y la puedes hacer en cualquier momento en el que quieras traer rápidamente una sensación de paz a tu cuerpo físico.

* Siéntate en un lugar cómodo y silencioso, con tu espalda recta. Imagina que tienes una cuerda que pasa por tu cuerpo y te conecta desde la planta de los pies con el centro de la Tierra y desde la coronilla con el infinito. Una vez te encuentres en tu centro, puedes iniciar con la respiración (tus ojos pueden estar abiertos o cerrados).

* Inhala profundo por la nariz lentamente y exhala por la boca. Trata de mantener la misma duración entre la inhalación y la exhalación.

* Luego inhala por la boca y exhala por la nariz. Siempre trata de mantener la respiración lenta y pausada.

* Continúa respirando de esta misma forma por diez o veinte respiraciones, siempre alternando de esta forma:

* Inhala por la nariz, exhala por la boca.
  Inhala por la boca, exhala por la nariz.

* Cuando termines las diez o veinte respiraciones, simplemente regresa a tu respiración normal.

LA IMPORTANCIA DE ESTABLECER LÍMITES ENERGÉTICOS

Establecer límites sanos es quizás una de las lecciones más difíciles que pueden aprender las personas que son sensibles energéticamente. Al no ponerlos, podemos absorber la energía de otras personas y contaminar nuestro propio espacio energético. Todo es energía y en cada interacción tiene que haber un flujo equitativo; no puede haber más energía fluyendo hacia un lado. Cuando estamos en una relación sana, la energía fluye libremente y nutre todas las partes por igual. Cuando la relación no está basada en el respeto mutuo o no hay límites claros, se produce un desbalance que puede causar todo tipo de emociones negativas, desde frustración hasta un sentido de injusticia.

Nuestro espacio energético es sagrado. Nosotras tenemos el poder sobre él y podemos decidir cuándo y a quiénes se lo entregamos. Para mantenernos sanas y llenas de vitalidad, necesitamos establecer límites energéticos claros, incluso para los sentimientos bondadosos como la compasión y la vulnerabilidad. Cuando aprendamos a respetar nuestro espacio, las otras personas también lo harán.

Para poner en práctica

Ejercicio de protección energética

Cuando estemos frente a una situación en la que sintamos que estamos cediendo nuestro poder o que no estamos estableciendo límites claros, podemos imaginarnos que estamos rodeadas por un hilo de luz dorado. Este hilo se expande alrededor del cuerpo como una telaraña, nos cubre de luz dorada y protege nuestra energía. De esta forma sabremos que ninguna otra energía podrá ingresar a nuestro espacio y tampoco entregaremos la nuestra. Nos sentiremos completamente protegidas y con nuestros límites claros.

Límites energéticos importantes que debemos establecer

- **Límites alrededor del tiempo y de la atención**: nuestro tiempo y atención son energías y una forma de manifestar amor. Dediquémosles tiempo a aquellas cosas o personas que son importantes para nosotras y que respetan nuestro tiempo. Evitemos situaciones en las que nos sintamos incómodas; por ejemplo, eventos a los que no nos gusta ir. Es mejor decir "no" de una forma educada, que tener que ir y sentir que nos traicionamos a nosotras mismas. Aprendamos a decir "no" cuando no queramos hacer algo. La palabra "no" es una frase por sí sola y no hay necesidad de dar explicaciones por la decisión que tomamos al no involucrarnos en esa historia.

- **Límites alrededor del chisme y de las quejas constantes:** con seguridad, en algún momento nos hemos sentido drenadas después de tener una conversación con una persona que critica a otra o que vive quejándose. Al hacerlo, esa persona utiliza nuestra energía para mantener su historia viva y nos drena en el proceso. Además, nos conecta energéticamente con la persona a quien está criticando o con la energía de la situación de la cual se está quejando, porque pone esa situación en nuestro radar con nuestro permiso. Esa energía es tóxica y tenemos que huir inmediatamente de allí. Busquemos una manera respetuosa de cambiar el tema o simplemente pidamos que no se hable de eso. Al hacerlo, estaremos respetando nuestro espacio y también el de la otra persona.

- **Límites alrededor del respeto a nuestra persona:** nadie tiene derecho a burlarse de nosotras o hacernos sentir que valemos menos. Si esto llega a ocurrir, es porque nosotras lo permitimos y no establecemos límites claros. Si algo no nos hace sentir bien, entonces estamos en nuestro derecho de expresar lo que sentimos y pedir que se nos respeten esos sentimientos. Por ejemplo, tengo una amiga que siempre recibe mensajes irrespetuosos de hombres que no conoce. Aunque ella se queja de esto, siempre responde los mensajes de manera débil y sin poner un límite claro. Como ella no ha podido establecer los límites claros de respeto, está permitiendo que la situación continúe de la misma manera. Si no nos respetamos a nosotras mismas, las otras personas tampoco lo harán, porque esa es la energía con la que estamos enfrentando el mundo.

  Si no estamos seguras de cómo establecer límites claros, podemos pedir protección y ayuda a los ángeles y los seres de luz; ellos nos ayudarán a proteger el espacio nuestro y a que otras energías puedan sentir nuestros límites.

- **Limpieza energética:** nuestro campo energético nos da la fuerza y la vitalidad para vivir en este mundo. El entorno en el cual nos movemos afecta directamente el flujo energético del cuerpo físico. Cuando estamos rodeadas de energía negativa, como por ejemplo, peleas, chismes o envidia, nuestro cuerpo físico absorbe esa carga energética. Si terminamos absorbiendo mucha energía negativa del entorno, eventualmente el cuerpo físico comenzará a reflejar esa energía. Cuidar nuestro campo energético es necesario para poder sentirnos plenas en este mundo.

  Hay muchas técnicas para limpiar nuestro campo energético. Una de mis favoritas es la visualización de baño de luz. La visualización es la creación en nuestro subconsciente de imágenes positivas. En ellas utilizamos el poder de la mente que, como hemos visto hasta ahora, es sumamente potente. A diferencia de la meditación, las visualizaciones no requieren de mucha concentración y se pueden hacer en cualquier momento del día. Si nunca han meditado antes, les recomiendo iniciar con visualizaciones guiadas para relajar el cuerpo y conectarse con una frecuencia más alta.

PARA PONER EN PRÁCTICA

BAÑO DE LUZ BLANCA

Para limpiar el campo energético podemos usar la visualización de un baño de luz blanca, dorada o rosada, que simboliza el amor, la divinidad y la luz divina. Puedes hacer esta visualización en cualquier momento en el que sientas miedo, inseguridad o desconexión y es preferible que la hagas con los ojos cerrados. A mí me gusta llevar a cabo esta técnica en la ducha, ya que es un espacio de limpieza del cuerpo físico y de conexión natural con uno mismo. También es una forma increíble de limpiar tu campo energético en las noches antes de irte a dormir.

Para realizar esta visualización, solamente debes imaginar que hay una luz dorada que cae del cielo. Con cada rayo que cae sobre el cuerpo, estás limpiando y purificando tu campo energético de todo lo que ocurrió durante el día. A medida que observas cómo la luz baja por la cabeza, los hombros, el pecho, las piernas y los pies, imaginas que todos los malos pensamientos, el cansancio, el estrés y la energía negativa se limpian con este baño. Si haces la visualización en la ducha, puedes imaginar que todo lo negativo se va por el desagüe en la ducha. Al finalizar debes dar las gracias por la energía y la protección que has recibido.

Junto con la práctica de la visualización, también es importante que durante el día utilicemos el poder de la palabra y demos la orden a nuestro campo energético de que cualquier energía que no pertenece a nosotras sea removida de nuestro espacio y sea devuelta a su dueño original. Podemos utilizar frases como: "Doy la orden de que cualquier energía que no me pertenece sea removida de mi espacio ahora mismo y que sea devuelta con amor a su dueño original. Mi campo energético me pertenece y yo decido con quién lo comparto".

Nuestra intención y la vibración de las palabras son muy poderosas. Podemos usarlas para dar cualquier tipo de orden a nuestro campo energético, incluso la orden de limpieza y protección. Recordemos que a donde va nuestra atención va nuestra intención. Podemos utilizar esta frase en cualquier momento en el que sintamos que estamos rodeadas de energía tóxica. Es importante que en ese momento tomemos consciencia de cómo nos sentimos allí y evitemos mantenernos en ese lugar por mucho tiempo.

También podemos apoyar estas prácticas de visualización con objetos sagrados. Los cristales son seres sumamente poderosos para limpiar los campos energéticos, al igual que quemar palo santo y utilizar afirmaciones positivas. Podemos crear nuestros propios rituales de limpieza de muchas maneras; lo importante es conectarnos con la intención de que nos están protegiendo y que nuestro ritual nos haga sentir paz y amor.

LA COMPASIÓN POR NOSOTRAS MISMAS

La compasión por nosotras mismas es la base para el cambio que queremos ver en los niveles de conciencia del mundo. Pero no podemos sanar al mundo sin poner por encima el amor y la compasión por nosotras mismas.

A veces, las personas con la que somos más críticas es con nosotras mismas. Nos juzgamos y nos castigamos fuertemente y negamos nuestra verdadera naturaleza.

La autocompasión es traer el sentimiento de amor y aceptación incondicional hacia nosotras mismas y dejar de lado el juicio, el castigo y el análisis de nuestros actos. La compasión por nosotras mismas se ve reflejada en los pequeños actos de amor y aceptación diaria, las palabras de apoyo y el respeto por nuestro proceso y necesidades físicas. A partir de un pensamiento presente o, como muchos lo llaman, *mindfulness*, podemos aumentar la capacidad para observar la vida conscientemente, sin juzgar ni analizar lo que está ocurriendo y permitimos un espacio de observación en el que podemos traer compasión al instante.

Al ser las observadoras de la experiencia que estamos viviendo, podemos encontrarnos muchas veces con cualidades o actos que automáticamente quisiéramos juzgar o situaciones dolorosas. Allí es donde entra el espacio para la compasión y la aceptación completa de nosotras mismas. En ese momento debemos observar detenidamente aquellas cosas que nos causan dolor o que no nos gustan de nosotras. Es también el momento ideal en el que podemos elegir escuchar las voces negativas y esconder lo que sentimos o traer compasión y abrazarnos a nosotras mismas. Al traer compasión, estamos reconociendo nuestro proceso y todo el esfuerzo que estamos haciendo por pertenecer a este mundo con la máxima expresión de quienes somos.

Es reconocer que, aunque no hayamos tomado la mejor decisión, somos conscientes de ello y podremos escoger mejor la próxima vez. Todas cometemos errores o hemos sufrido en algún momento y no ganamos nada con ser duras con nosotras mismas, es mejor abrazarnos y comprender que es parte de la experiencia y que somos amadas por la divinidad independientemente de lo que esté ocurriendo en la realidad.

Desarrollar la compasión por nosotras mismas es algo que se puede aprender. Es una práctica personal y está completamente separada de la compasión que sentimos por otros. Esa aceptación completa de quienes somos nos ayudará a conectarnos con el amor y la paz infinita; en resumen, con la divinidad. Nosotras somos la energía femenina de contención que naturalmente nos permite ser compasivas con otros y sujetar sus espacios energéticos. Esa energía maternal también podemos usarla con nosotras. No tenemos que intentar ser perfectas; tenemos que ser las mejores personas que podamos ser en este momento, con defectos y virtudes, en aceptación completa de que esto es lo que está ocurriendo y que todo lo que ocurrió nos ayudó a llegar hasta aquí.

Para poner en práctica

Compasión por ti misma

Esta práctica de compasión es ideal para los momentos en los que sientas dolor o te enfrentes con tus propias voces de crítica interna. Primero, toma unos segundos para observar el momento presente. Inhala y exhala profundamente y trae toda tu atención a este momento.

A continuación pregúntate: "¿Qué está pasando en este momento?". Sin juzgar ni analizar, simplemente observa y cuestiónate: "¿Qué está ocurriendo?".

Una vez hayas reconocido lo que está ocurriendo, pregúntate: "¿Qué está sintiendo mi cuerpo físico en este momento?", "¿qué emoción está llegando a mí en este momento?". Quizás sientas felicidad, frustración, enojo, amor o dolor. Reconoce esa emoción y lo que ocurre en tu cuerpo físico cuando la sientes.

Cuando reconozcas la emoción, toma una respiración profunda e imagina que tu corazón se llena de una luz rosada. Siente la expansión en el corazón y llénate de esa luz.

Luego, imagina que tienes a las voces negativas o al sentimiento de dolor sentado sobre tu hombro. Cada vez que escuches una crítica o sientas dolor por una situación en particular, pregúntate: "¿Qué necesita esta situación de mí en este momento?", "¿cómo puedo tomarme en mis brazos y consolarme?". Quizás la situación necesite unas palabras como "todo va a estar bien" o simplemente "te quiero".

Luego, abrázate con amor y compasión. Recuerda que tu proceso es perfecto tal cual está ocurriendo. Puedes realizar este ejercicio mientras observas una foto de tu niñez. Puedes conversar con la niña en la foto y decirle que todo está bien, que es amada. Suaviza tu corazón hacia la niña interior, háblale con palabras de amor y aceptación y reconoce la inocencia en tu niña interior.

Capítulo 5

Cómo manifestar los sueños y la abundancia

Abundancia
Def. Tener todo aquello que necesitamos para vivir plenamente en este mundo.

La abundancia es nuestro estado natural

Ahora estamos listas para manifestar esos sueños que tanto deseamos. *La historia más linda jam*ás *contada* es una historia de abundancia y de posibilidades, en la que descubrimos que somos las cocreadoras de nuestra realidad y que podemos conectarnos con esa abundancia infinita adentro nuestro en cualquier momento.

Los milagros son el resultado de cambiar la forma en que percibimos el mundo y cuando ocurren, todo en nuestro entorno se mantiene igual; somos nosotras las que cambiamos. Es ahí cuando podemos ver el potencial que tenemos para crear, vivimos con más presencia y tenemos una oportunidad para vivir una vida nueva alineada con esa nueva persona que somos. El mundo no ha cambiado; somos nosotras las que decidimos vivir en él de manera distinta. A veces, ese es el único paso que se necesita para vivir una vida completamente diferente.

Nuestra perspectiva de la vida cambia cuando nos conectamos profundamente con nuestra esencia y reconocemos la verdad de quiénes somos y cuál es nuestro propósito sobre la Tierra. La abundancia es uno de mis temas favoritos. Sueño con ver un mundo lleno de mujeres plenas y abundantes; un mundo en el que nuestro amor y felicidad nunca estén condicionados por la relación que tengamos con el dinero ni con las cosas materiales. Sé que es posible lograr esto si nos conectamos con quienes somos y utilizamos la mente a nuestro favor. La mente es una máquina poderosa que nos permite manifestar cualquier cosa que deseamos, si sabemos cómo utilizarla y el enfoque de los pensamientos. La intención sobre los sueños es lo que nos permitirá manifestarlos.

Mi relación con la abundancia no siempre fue tan fácil como lo es ahora. Crecí rodeada de muchas creencias negativas y un dolor permanente relacionado con el dinero. Muchos miembros de mi familia condicionaban la felicidad a la cantidad de dinero que tenían, un patrón que de joven reconocí y luché por no repetir. Pero inevitablemente siempre mantuve muchos sentimientos de dolor y rechazo hacia el dinero. Esto luego se vio reflejado en mi práctica de *coaching*, porque me costaba cobrar lo que mis servicios valían y me sentía culpable cuando me pagaban por ello. Relacionaba la aprobación de otros con los regalos que podía entregar y no tenía claro el concepto de abundancia.

La abundancia es tener todo aquello que necesitamos para vivir plenamente en este mundo. Esto incluye abundancia en todas las áreas de nuestra vida, como las relaciones, el área laboral, el dinero, la salud y el desarrollo personal. El estado natural de abundancia es completamente independiente de las creencias, los pensamientos o la historia que nos contamos nosotras mismas sobre temas como el dinero. La abundancia no tiene nada que ver con la cantidad de dinero en la cuenta bancaria o las cosas materiales que adquirimos. Podemos ser infinitamente abundantes sin la necesidad de tener millones de dólares, así como podemos tener millones de dólares en la cuenta bancaria y ser escasas en todas las otras áreas de la vida. La abundancia no es sinónimo de dinero; la abundancia es un sinónimo de bienestar.

La vida es abundante por naturaleza, porque cuando nacimos se nos entregó todo lo que necesitábamos para ser

plenas. Aunque parezca que algunas personas son más abundantes que otras, en realidad todas somos igual de abundantes. La diferencia entre una y otra está en el filtro que
escogemos para ver el mundo, el cual está compuesto por
nuestras creencias, pensamiento y valores. Imaginemos que
este filtro funciona como unas gafas de sol. Hay lentes con
vidrios más oscuros, que nos hacen ver una realidad con
menos luz y más oscuridad y hay otros con un tinte más lige-
ro que nos hacen ver el mundo diferente. Así funciona la
mente: nosotras percibimos el mundo según nuestro propio
condicionamiento y el filtro con el cual escogemos verlo, por
lo que no es fijo y nos convierte en las responsables de elegir
cómo decidimos verlo.

La realidad que estamos viviendo, nos guste o no, depende
de nuestro ambiente interno y no de los eventos externos.
Podemos escoger vivir en un mundo abundante y ver oportunidades y amor a nuestro alrededor o vivir en un mundo escaso y enfocarnos en aquello que no tenemos. La decisión está
en nuestras manos. La primera opción nos ayudará a vivir en
expansión y a estar alineadas con la verdad, mientras que la
segunda nos alejará cada vez más de quienes somos. Sé que
esto puede ser difícil de entender o de creer, especialmente
cuando vivimos una realidad en la que hay problemas que son
difíciles de resolver. En mi experiencia, lo mejor que podemos
hacer es abrirnos a la oportunidad de ver un mundo distinto.
Cuando cargamos emociones negativas como rabia, odio o
rencores, solamente estamos dañándonos a nosotras mismas y
atrayendo más de lo mismo a nuestra realidad. Continuaremos
viendo un mundo escaso al frente nuestro y viviremos inmer-
sas en un ciclo de egoísmo y separación. Al elegir el camino
de la felicidad y seguir nuestros sueños, no estamos jus-
tificando los actos de otras personas ni estamos perdien-
do una batalla; todo lo contrario: estamos recuperando
la vida.

Para poner en práctica

Ejercicio de visualización: Ábrete para recibir

Uno de los pasos más importantes para que atraigas más abundancia y bendiciones a tu vida consiste en abrirte para recibir. Lo que deseas manifestar ya está allí; solamente tienes que sintonizarte con eso y saber que mereces vivir una vida plena y abundante. Esta visualización te ayudará a sintonizarte con la energía y con el sentimiento de ya haber obtenido eso que deseas manifestar en tu vida.

Cierra los ojos y junta tus manos frente a tu pecho formando una vasija. Imagínate que adentro de esa vasija está lo que deseas manifestar en tu vida. En este momento ya es tuyo.

Empieza a respirar profundo y siente la emoción en tu pecho de tener eso que tanto deseas. Nota cómo, con cada respiración profunda, tu pecho se expande más y más, con el sentimiento de agradecimiento al saber que estás sosteniendo aquello que deseas entre tus manos. Mantén este sentimiento por un minuto y cuando estés lista, abre los ojos y afirma: "Estoy abierta para recibir abundancia en mi vida".

Meditación Holística #3
"Ábrete para recibir"

www.mujerholistica.com/meditaciones-libro
Usa la aplicación de códigos QR en tu celular
para descargar este contenido.

YA SOMOS INFINITAMENTE ABUNDANTES

El simple hecho de haber nacido en este mundo como una creación divina ya nos hace naturalmente abundantes. Somos la representación de la divinidad en físico y todo lo que creamos en nuestra vida es una expresión de la abundancia infinita de esa divinidad. El espíritu de creación es uno solo y se expresa por medio de nosotros. Su energía está presente en todo lo que vemos y hacemos. La energía divina no se rige por las reglas del tiempo y del espacio que nosotras conocemos, sino que es potencial puro de creación.

Nuestro cuerpo físico nos recuerda a diario que estamos viviendo una experiencia humana separada del resto, pero nuestro espíritu está simultáneamente en todos lados, viviendo las diferentes realidades y conectado con todo. Llevamos adentro una energía divina que está llena de infinitas posibilidades y realidades. La energía no tiene límites físicos; está en todo nuestro alrededor, por ejemplo, está presente en los sueños, en las relaciones y en todas aquellas cosas que deseamos manifestar. Solamente debemos elegir verla y poner nuestra atención allí para que pueda tomar forma y manifestarse libremente en el plano físico. Al nacer se nos entregó la habilidad de crear y darle forma a esta energía pura que, en su máxima expresión, nos trae plenitud y abundancia.

Tenemos una capacidad para ser una fuente de abundancia ilimitada. Esta se encuentra en nuestra paz interna y en el amor que le entregamos al mundo. Cuando deseamos amor y buenos deseos para todos los seres que nos rodean, estamos abriendo el espacio para recibir la energía de esa misma vibración en nuestra propia vida y a cambio recibiremos las oportunidades para hacer realidad los sueños y recibir todo lo que deseamos. La abundancia que vemos y deseamos en otros es un reflejo de nuestra abundancia interna. En nuestra capacidad de entregar está también nuestra capacidad de recibir y solo nos pertenecerá aquello que estemos dispuestas a entregar. Qué lindo es poder desear que todos los seres del planeta sean abundantes y saber que eso nos traerá más bendiciones a nuestra vida.

En el capítulo anterior trabajamos las creencias y los pensamientos, un paso sumamente importante a la hora de manifestar los sueños y atraer más abundancia. Las creencias de escasez no nos pertenecen. Seamos selectivas con los pensamientos y elijamos solamente aquellos que apoyen el mundo que queremos ver. La decisión de aferrarse a creencias limitantes es un proceso voluntario y tiene espacio en nuestra vida solamente si nosotras lo decidimos. Dejemos todo eso atrás para poder ingresar a una nueva realidad en la que seamos conscientes de que los límites no existen en ningún otro lugar más que en nuestra mente. Tengamos siempre presente que no somos víctimas de nuestro entorno, somos cocreadoras de nuestra realidad y el poder de cocrear está disponible en todo momento para nosotras; solo tenemos que aprender a utilizarlo.

Pasos para atraer más abundancia y manifestar los sueños

Ahora estamos listas para explorar los seis pasos para manifestar la vida que deseamos. Este proceso que detallo abajo sirve tanto para los sueños como para atraer más abundancia a la vida. Es importante seguir estos pasos todos los días conscientemente. El orden no es tan relevante como la disciplina en realizarlos. Recorten este recuadro y péguenlo en un lugar visible.

Paso 1:
Decide qué es lo que quieres y pon tu atención en eso.

Paso 2:
Siente que ya forma parte de tu realidad y trae esa emoción al cuerpo físico.

Paso 3:
Entrena la mente para que piense positivo y trabaja tus
creencias sobre el merecimiento.

Paso 4:
Agradece por lo que ya tienes.

Paso 5:
No te apegues a los resultados y suelta el proceso.

Paso 6:
Conéctate con el espíritu y regresa a tu centro.

Paso 1: Decide qué es lo que quieres y pon tu atención en eso

El Universo ama la claridad. Es más fácil manifestar algo que deseamos, que reunir la energía para manifestar algo que no sabemos qué es. Además, cuando no sabemos qué queremos, existe el peligro de manifestar algo que no nos gusta.

Si no estamos claras con lo que queremos manifestar o nuestra vida todavía está en la etapa del papel en blanco, entonces determinemos cómo nos queremos sentir durante el día e imaginemos que ya tenemos todo lo que deseamos, aunque no sepamos qué es. La claridad alrededor de nuestras emociones le dará una dirección a nuestra energía.

Cuando tenemos claro lo que deseamos manifestar, podremos enfocar nuestros pensamientos en ello. Como hemos visto, los pensamientos son energía que se manifiesta en el plano físico y cuando llevamos nuestra atención hacia eso que queremos, estamos enfocando la energía allí. La atención es amor. Al enviar amor hacia lo que deseamos ver, estamos elevando nuestra frecuencia creando expansión en el cuerpo y abriendo el espacio para que eso que deseamos ingrese a nuestro mundo. La intención es la energía detrás de la certeza de saber que eso que deseamos ya es nuestro. Ambas fuerzas, la atención y la intención juntas, son el impulso que necesitamos para que la llave de la abundancia se abra. A donde va nuestra atención va nuestra intención y eso es lo que veremos manifestado en la realidad.

Para poner en práctica

Ejercicio: Declaración de los sueños

Escribe en una frase el sueño más importante que tienes en este momento como si ya hiciera parte de tu realidad. Usa frases en presente y positivas por ejemplo, "estoy disfrutando mi viaje a Francia y estoy enamorada de la magnitud de la torre Eiffel al frente mío". Puedes hacer distintas afirmaciones para cosas que quieres lograr en cada área de tu vida, por ejemplo, la salud, las finanzas, la familia, el hogar o el trabajo.

PASO 2: SIENTE QUE YA FORMA PARTE DE TU REALIDAD Y TRAE ESA EMOCIÓN AL CUERPO FÍSICO

Las emociones son una vibración energética que nos indican, según su comportamiento, cuán alineadas estamos con la vibración de la creación divina. Atraemos aquello que vibra en el mismo nivel nuestro. Atraer la vida que deseamos no es algo que tenemos que esforzamos por lograr; la ley de atracción ya de por sí es una ley de la naturaleza y siempre está trabajando, aunque no la busquemos de manera consciente. Si queremos atraer amor, debemos sentir amor por todo; si lo que buscamos es abundancia, debemos mirar el mundo de manera abundante.

Cada emoción se maneja en una escala energética diferente, por ejemplo, la felicidad, la gratitud, el amor y la inspiración son emociones que tienen un nivel de vibración muy alto; en cambio, la ira, la rabia y la envidia tienen un nivel de vibración muy bajo. Como vimos en capítulos anteriores, la crítica hacia nosotras mismas representa el nivel más bajo de energía porque niega que la creación divina se manifiesta por medio de nosotras.

Usemos la técnica de consciencia plena durante el día para determinar si estamos vibrando alto y observando el mundo con una visión de abundancia y también seamos conscientes de nuestro cuerpo físico y de nuestras emociones. Preguntémonos: ¿Siento expansión o contracción? ¿Estoy percibiendo el mundo como un lugar abundante? ¿Cómo me estoy sintiendo en este momento?

Podemos tomar descansos en el día durante unos minutos para tomar una respiración profunda y conectarnos con los sueños y con el sentimiento de expansión y agradecimiento. Eso nos llevará a sentir bienestar en el cuerpo físico, al saber que eso que deseamos ya forma parte de nuestra realidad. Esta práctica es breve, pero muy poderosa.

Nuestro cuerpo físico siempre será un indicador de cuán alineadas estamos con nuestra alma. Cada segundo de nuestro día es una oportunidad para decidir ver el mundo de manera abundante y confiar en que la vida nos entregará todo lo que necesitamos para ser felices. Cada momento es sagrado y nos permite escoger la realidad que queremos vivir.

PARA PONER EN PRÁCTICA

TODO LO QUE DESEO ESTÁ EN MÍ

Apenas te despiertes y antes dormir, visualiza tu sueño en tu mente. Observa todos los detalles y siente en tu corazón el sentimiento de tenerlo en tu vida. Una vez lo sientas, mantén ese sentimiento durante cinco minutos en tu corazón. Luego, cada vez que puedas durante el día, recuerda cómo se sintió tu cuerpo físico cuando imaginabas que tenías todo lo que deseabas y trae ese recuerdo varias veces al día a tu corazón. Las emociones son la llave para manifestar lo que deseamos y podemos utilizar la técnica de visualización para sentirlas en cualquier momento.

Paso 3: Entrena la mente para que piense positivo y trabaja tus creencias sobre el merecimiento

La mente es sumamente poderosa y puede, mediante nuestros pensamientos, crear nuestra realidad. Cuando observamos nuestra vida conscientemente, nos damos cuenta de que la mayoría de los pensamientos son repetitivos y que, además, no son verdaderos. Es por esto que debemos entrenar nuestra mente, porque es un instrumento y no define quiénes somos.

La meditación es una buena forma de entrenar la mente, aprender a concentrarnos en una sola cosa e impedir que los pensamientos o las sensaciones en el cuerpo físico nos distraigan. Podemos llevar a cabo una meditación sencilla y conectarnos con la respiración durante diez minutos al día. Cada vez que venga un pensamiento a la mente, permitamos que siga su camino y no nos identifiquemos con él. Poco a poco lograremos crear una distancia con los pensamientos y nos conectaremos con ese espacio de potencial infinito.

Otra técnica poderosa para entrenar la mente son las afirmaciones. Cada palabra o frase que pensamos o decimos es una afirmación que le da una instrucción al cuerpo físico, pero repetir estas frases y palabras positivas no es suficiente; debemos creer y sentir las afirmaciones a medida que las vamos pronunciando. Al sentirlas con el cuerpo físico, les estamos abriendo el espacio para que puedan florecer en él y luego en nuestra realidad.

Algunas afirmaciones que puedes decir son:

* "Soy abundante".
* "La abundancia es mi estado natural".
* "Ser feliz y abundante es mi derecho".
* "El dinero me ama".
* "El dinero llega fácil a mi vida".

Evita hablar de manera negativa o utiliza una referencia al pasado. Usa solo afirmaciones positivas y en el presente. Las palabras son poderosas y, por eso, cuando hablamos en negativo, bajamos nuestro nivel de vibración y nos conectamos con otra frecuencia. Cambiemos los "no puedo" o "no es suficiente" por "sí puedo" y "tengo suficiente". Las palabras son una orden para el cuerpo físico. Si afirmamos que algo no es posible, el cuerpo físico y el energético lo creerán y eso se verá reflejado en nuestra realidad. La vida toma en serio lo que pensamos y lo que decimos; por eso, cuidemos todas las vibraciones que emitimos al mundo y entrenemos la mente para que escoja solamente aquellas creencias que apoyan la visión de un mundo abundante.

En este paso también es importante mencionar que juzgar a otros por su relación con el dinero o la abundancia, por ejemplo, criticar la forma en que otra persona gana dinero, corta nuestro propio flujo de energía. Juzgar o criticar causa separación y nos hace creer que el otro está separado de mí, lo cual no es verdad. Como todo es energía, esta separación corta el flujo de energía y eso nos afecta a nosotras directamente. Puede que nuestros pensamientos de envidia o crítica hacia otra persona estén dirigidos a ellos, pero tengamos plena seguridad de que se crean en nuestro interior y están atrayendo de vuelta a nuestra realidad eso mismo que deseamos. Lo que entregamos al mundo es idéntico a lo que recibimos de vuelta y debemos tener presente que cada persona tiene sus propias lecciones por aprender sobre el dinero y la abundancia. Así como no somos nadie para criticar, tampoco podemos intentar salvar al otro u obligarlo a que cambie su forma de relacionarse con el dinero. Lo mejor que podemos hacer es trabajar nuestro proceso personal y desde allí inspirar a otros a hacer lo mismo.

Paso 4: Agradece por lo que ya tienes

Una de las formas más poderosas de conectarnos con la energía del amor y con aquello que deseamos manifestar es practicar el agradecimiento diario. ¿Qué significa esto? ¿Es decirle "muchas gracias" a todas las personas que vemos en el día? No necesariamente. Practicar el agradecimiento es dar gracias de corazón por aquello que ya tenemos hoy en nuestra vida. Por ejemplo, una casa linda, una cama caliente donde dormir, las amigas del alma, los hijos saludables o una porción de comida caliente en la mesa.

Agradecer nos ayuda a estar en el presente y a poner nuestra atención en lo que tenemos ahora y no en el pasado ni en lo que nos preocupa del futuro. El pasado ya pasó y el futuro no ha llegado. El presente es el único momento real y es donde logramos conectarnos con la divinidad para atraer aquello que deseamos manifestar. La vibración de los pensamientos y las emociones crean nuestra realidad y así, tener la capacidad de ver las cosas positivas que ya tenemos en nuestra vida nos enfoca en la mentalidad de abundancia y no de carencia. Este enfoque atrae cosas mejores cada día y nos pone en una situación de ventaja en la que la felicidad no va a depender de otros, sino de nosotras mismas. Nos pone automáticamente en un nivel de vibración mayor en el que nos sentiremos más contentas y podremos enfrentar mejor las situaciones negativas que puedan ocurrir en nuestro entorno.

En un principio nos puede parecer extraño agradecer por las cosas que siempre han estado ahí, pero después de un tiempo la sensación de amor que empezaremos a sentir cuando agradezcamos se volverá casi adictiva hasta que implementemos el hábito del todo. Podemos elegir momentos en los que estemos en medio de una actividad que ya forme parte de nuestra rutina, por ejemplo, bañarnos, comer o hacer ejercicio. Podemos agradecer por cosas sencillas como la comida fresca, nuestra mascota, el agua limpia o una cama abrigada en una noche fría. No importa que repitamos las mismas cosas; poco a poco nuestra lista crecerá y la vida se convertirá en una entrega constante de agradecimiento a la vida por todas las bendiciones que recibimos. No olvidemos que la manera de ver la abundancia en nuestra vida es por medio de la gratitud.

PARA PONER EN PRÁCTICA

DIARIO DE GRATITUD

Mantén un diario de gratitud en el que diariamente escribas todos los días diez cosas por las que te sientas agradecida. Poco a poco notarás que esta lista crece y estarás atrayendo más cosas por las cuales dar las gracias todos los días.

PASO 5: NO TE APEGUES A LOS RESULTADOS Y SUELTA EL PROCESO

Este es quizás uno de los pasos más difíciles a la hora de manifestar abundancia. Hay algunas tareas que nos pertenecen en este proceso, como cambiar nuestras creencias, controlar la mente y establecer qué es lo que queremos tener. Por otro lado, hay tareas que le pertenecen a la divinidad, por ejemplo, las que se encargan de abrirnos oportunidades inimaginables o permitir que nuestros sueños se multipliquen y crezcan más rápido de lo que creemos.

Si intentamos controlar los sueños y manipular el resultado de nuestros deseos con la mente, los mantendremos pequeños. Permitamos que la energía fluya y no nos apeguemos a los resultados. Les puedo asegurar que la vida nos sorprende de muchas formas cuando permitimos que las cosas se acomoden como tienen que ser. Ya nosotras hicimos el trabajo de soñar y dejar ir lo que nos limitaba y eso inevitablemente tendrá un resultado en la realidad. Si el proceso funciona y logramos manifestar todo, pues maravilloso, pero si no, será maravilloso también porque se convertirá en una oportunidad de aprender más sobre la vida y de quiénes somos. En la vida siempre ganamos, porque todo aprendizaje es una oportunidad de conocernos mejor.

Paso 6: Conéctate con el espíritu y regresa al centro

La verdadera fuente de abundancia está en nuestro interior. Es allí, en ese espacio de conexión con nosotras mismas, en el que encontraremos la felicidad y todo lo que necesitamos para vivir plenas en este mundo. La meditación y el estar presente en el aquí y el ahora son clave para lograr lo que realmente deseamos.

Para poner en práctica

Ritual para manifestar los sueños

Como ya sabes, es posible practicar la visualización en cualquier momento del día para que te conectes con el sentimiento de expansión y con la certeza de tener todo aquello que deseas.

Para empezar, siéntate en un lugar cómodo, sin distracciones y con los ojos cerrados. Relájate e intenta mantener tu espalda lo más derecha posible. Toma dos respiraciones profundas. Inhala por la nariz y exhala por la boca. Permite que la mente y el cuerpo se relajen. Cuenta mentalmente hasta tres y poco a poco empieza a sentir que vas entrando a un lugar seguro en el corazón. Agradece porque es en ese lugar en el que podrás manifestar con seguridad todo aquello que deseas.

Ahora trae a tu mente todo lo que quieres manifestar; puede ser, por ejemplo, una nueva casa, una pareja o un hijo. Imagínalo con la mayor claridad posible y luego empieza a sentir que disfrutas de aquello que deseas: vivir en la casa de tus sueños, trabajar en el lugar que has elegido o disfrutar del viaje que tanto anhelas hacer en familia. Enriquece tu visión todo lo que puedas, agrégale detalles y emociones, siente lo que es tener eso que tanto quieres. Observa detenidamente en dónde sientes la emoción en el cuerpo físico. ¿La puedes describir? ¿Cómo es? ¿Qué color tiene? ¿Cómo se siente?

Si otros pensamientos entran a tu mente, déjalos pasar lentamente y enfoca la concentración en el sueño que quieres cumplir. Si en algún momento llegan a tu mente pensamientos que te dicen que no puedes tener eso o que no sabrías qué hacer si lo tuvieras, no permitas que el miedo o la duda te quiten aquello que quieres. Recuerda que la visión en tu mente es pura y está completa. Ten la confianza de que si puedes verlo en tu mente, podrás tenerlo en el mundo físico, en el momento correcto.

Continúa imaginando con lujo de detalles. Recorre cada momento de tu experiencia en tu sueño. Recuerda que debes ser muy clara al describir cuándo lo quieres y cómo lo quieres también. Cuando te sientas lista, sal de tu lugar seguro en el corazón y lentamente regresa al momento presente y abre los ojos.

Una vez termines el ejercicio de visualización, siéntate unos minutos a interiorizar el trabajo que realizaste. Puedes tomarte un vaso con agua y contemplar lo poderoso que es fijar la intención en lo que deseas. Mantén ese sentimiento de amor contigo el mayor tiempo posible. Si puedes pasar el resto del día soñando con esa intención y con ese sentimiento, te será aún más fácil manifestar todo aquello que deseas.

Meditación Holística #4

"Ritual para manifestar los sueños"
www.mujerholistica.com/meditaciones-libro
Usa la aplicación de códigos QR en tu celular
para descargar este contenido.

LOS CINCO NIVELES DE MANIFESTACIÓN DE LOS SUEÑOS

Cuando estamos aprendiendo a manifestar los sueños y la abundancia es común encontrar ciertos bloqueos y ajustes que necesitamos integrar en el proceso. Todo esto es normal, ya que todo proceso requiere de un período de práctica y de prueba y error. Nos será de mucha ayuda en esta etapa tener una guía de los diferentes niveles en los que vayamos manifestando la realidad; de esta forma, podremos reconocer qué pensamientos o creencias todavía requieren trabajo.

Ya conocemos la importancia de limpiar nuestro canal energético de pensamientos y creencias limitantes y sabemos que entre más limpia esté nuestra energía y el entorno, más fácil será poder vibrar alto y atraer lo que deseamos manifestar. A lo largo de los años y luego de trabajar con cientos de mujeres, he descubierto que hay diferentes niveles de manifestar la realidad.

NIVEL 1: LA REALIDAD DISTANTE

Este nivel es el más bajo de manifestación. En él soñamos que podemos tener algo en la vida, pero lo vemos tan alejado de nuestra realidad que solo se manifiesta en la vida de otra persona lejos de nuestra realidad cercana, por ejemplo, vemos lo que deseamos en una revista o en la televisión y creemos que es inalcanzable. Estamos lejos de creer que eso es posible para nosotras y nuestra realidad refleja esas creencias limitantes, por lo que dificultamos poder llegar a tenerlo.

Un ejercicio que nos puede ayudar en este nivel es preguntarnos: ¿Qué siento cuando veo mis deseos cumplidos en otras personas? Sobre todo, ¿qué pienso cuando lo veo? ¿Creo que es posible tenerlo en mi realidad?

NIVEL 2: LOS SUEÑOS SON UNA POSIBILIDAD, PERO NO NOS CREEMOS MERECEDORAS DE ELLO

En este nivel vemos nuestros sueños como una posibilidad, pero en nuestro corazón no creemos ser merecedoras de ello y por ende vemos nuestro deseo manifestado en la vida de otra persona cercana a nosotras, por ejemplo, deseamos obtener una certificación de *coaching* y a los pocos días nos llama nuestra mejor amiga a contarnos que se inscribió en un curso con este mismo objetivo.

Si esta es una situación que nos ocurre a menudo, trabajemos con afirmaciones para cambiarla por ejemplo, "merezco ser feliz y soy capaz de lograr todo lo que me propongo".

NIVEL 3: LO CREEMOS CON FUERZA, PERO NO LOGRAMOS MANIFESTARLO EN NUESTRA REALIDAD

En este nivel vibramos alto y queremos con todas nuestras fuerzas obtener algo en la vida. Lo creemos, lo decimos, lo repetimos, lo soñamos, pero no se nos hace realidad. Este sentimiento puede ser muy frustrante y detrás de eso hay algo más que hace falta: darnos la oportunidad de descubrir si hay algún bloqueo alrededor de ese tema que no nos permite manifestarlo.

Confiemos en que la vida nos puede sostener y trabajemos en nuestras creencias alrededor del merecimiento. Observemos atentas todos nuestros pensamientos y nuestros actos. Meditemos y regresemos al silencio; allí lograremos oír lo que está ocurriendo y descubriremos las señales que nos ayudarán a encontrar nuestros bloqueos. Todo lo que necesitamos ya está adentro nuestro, así que trabajemos en descubrir qué nos está impidiendo acceder a esa fuente infinita de abundancia.

NIVEL 4: ADQUIRIMOS LO QUE DESEAMOS, PERO LO PERDEMOS FÁCILMENTE

Este nivel de manifestación está ligado a la creencia de que no es posible sostener energéticamente lo que hemos manifestado y que no somos merecedoras de lo que recibimos. Creo que todas conocemos a alguna persona a la que constantemente le ocurre esto. Logra cumplir un sueño, pero luego lo pierde fácilmente y todo se transforma en un círculo repetitivo en el que siempre parece estar luchando por conseguir lo que desea, para luego volver a perderlo.

Para trabajarlo, practiquemos agradecer lo que ya tenemos y lo que hemos logrado manifestar hasta ahora. El agradecimiento es una herramienta muy poderosa para alinearnos con una vibración alta y sentir expansión por todo lo que ya tenemos en nuestra realidad. No alimentemos el miedo a perderlo todo, porque además no es real. En la vida nada nos pertenece, por lo que es imposible perder algo. Lo único que nos pertenece es aquello que somos, el espíritu divino.

NIVEL 5: LO VEMOS, LO QUEREMOS, LO MANIFESTAMOS

Este es el nivel más alto. En él vibramos alto y atraemos a nuestra vida nuestros deseos rápidamente y con facilidad. Sigamos adelante con fuerza, con confianza y con fe. Trabajemos a diario en visualizar lo que deseamos ver en nuestra vida y fortalezcamos nuestra confianza en la creación divina que nos entrega todo lo que queremos en esta vida.

Cuando nos encontremos en este nivel, sentiremos una necesidad de compartir con otros aquellas herramientas y creencias que nos ayudaron a alcanzarlo. Esto es parte del flujo natural de abundancia. Entenderemos que este conocimiento se nos entregó para ser compartido y en nuestra capacidad de entregar de vuelta al mundo está también nuestra capacidad de recibir más abundancia. Es un estado donde la energía fluye con facilidad.

SOBRE NUESTRA RELACIÓN CON EL DINERO

Uno de los talleres que dicto está dirigido a las emprendedoras que quieren conectarse con la energía de abundancia. En una ocasión, todo iba de maravilla: habíamos trabajado en el alma de nuestro negocio y estábamos sintiendo la ilusión y la gratitud por esa energía que había entrado a nuestra vida. Cuando iniciamos la segunda parte del taller, llegó el momento de concentrarnos en la energía del dinero.

Cuando comencé a hablar de esto, la energía del espacio cambió drásticamente. Las mujeres comenzaron a moverse incómodas en sus sillas y cuando les pregunté por qué estaban sintiendo tanta resistencia, la respuesta fue muy negativa. Curiosamente, muchas de las razones por las cuales no podían generar ingresos en sus negocios estaban ligadas a experiencias negativas de la niñez o a creencias familiares.

Nos encanta hablar de los sueños y de las realidades que podemos manifestar, pero cuando traemos la palabra "dinero" a la conversación todo cambia. Por alguna razón, el dinero parece tener una energía independiente a la de la abundancia y la forma en la que la sociedad percibe el dinero, parece estar separada de todo. Inclusive hay muchas creencias de que el dinero no puede mezclarse con la espiritualidad, cuando en realidad todo forma parte de la misma energía. No hay separación entre nuestro negocio, la espiritualidad, el bienestar y el dinero. Todas son manifestaciones diferentes de una misma energía y las lecciones del dinero son también lecciones espirituales.

Lamentablemente, la palabra dinero se ha teñido negativamente de las creencias de la sociedad y del sistema económico en el que vivimos. Hay muchas razones por las cuales tenemos ideas distorsionadas del dinero, pero en realidad, la esencia de la abundancia es un sentimiento positivo. El dinero es una energía limpia de creación que carga consigo la energía negativa de una sociedad completa. Su energía no tiene la culpa de estar manipulada por algunas personas egoístas o sin valores. Tampoco tiene la culpa de la pobreza, del sufrimiento o de la destrucción de la naturaleza. Todo lo negativo que ocurre en nombre del dinero es culpa de nosotros como sociedad que lo permite y es una consecuencia de la desconexión de los valores más importantes. Como la energía del dinero carga tanto dolor, envidia, creencias limitantes y escasez individual y colectiva, su flujo se estanca fácilmente y la vibración de su energía muchas veces es baja. El dinero no se acaba ni es limitado; por el contrario, es energía que fluye, que va y viene y nuestra relación energética con él es como cualquier otra relación: tiene que fluir y merece respeto.

El dinero trae consigo una energía que nos ayudará a lograr en gran parte lo que deseemos obtener en el mundo material y las experiencias que queramos vivir, por ejemplo, viajar y tener la casa de nuestros sueños. El dinero nos permite hacer muchas cosas maravillosas en el mundo, así que respetemos su presencia y agradezcamos por todo aquello que nos entrega también. Preguntémonos si hablamos mal del dinero, si le echamos la culpa por los males del mundo o si le tenemos miedo. Quizás las señales que enviamos cuando pensamos en él son de rechazo o precaución.

Para cambiar la relación con el dinero es necesario cambiar la forma en que lo percibimos. Realiza el ejercicio de reemplazar la palabra "dinero" por cualquier otro nombre; puede ser el nombre de una flor. Ahora hablemos de cómo "rosa" nos permite hacer muchas cosas en la vida y cuántas "rosas" necesitamos para pagar una taza de café. Este ejercicio nos ayudará a separarnos de las creencias tan fuertes que tenemos alrededor del dinero y a percibirlo como algo completamente neutral. También nos ayudará a darnos cuenta de cuántas veces al día nos referimos hacia esta energía de una manera negativa y esto nos permitirá entender mejor nuestra relación con ella. La energía del dinero conlleva una lección de vida importante y aprender a trabajarla nos ayudará a ser más plenas y a caminar más livianas por la vida.

El proceso de manifestar nuestra realidad es un trabajo diario que requiere que estemos conscientes de todas las vibraciones que estamos enviándole al mundo. Observemos nuestros pensamientos, las palabras que pronunciamos, nuestras emociones y en dónde enfocamos nuestra energía. Poco a poco comenzaremos a ver que las cosas en nuestro entorno empiezan a cambiar y la vida nos abrirá los ojos a nuevas oportunidades. La abundancia que deseamos ya está dentro de nosotros, es cuestión de conectarnos con ella y de darnos cuenta de que ya tenemos todo lo que necesitamos en esta vida para ser felices. Estamos rodeadas de bendiciones que están esperando a que nos conectemos con ellas. Abramos nuestros ojos a la belleza de la vida.

Capítulo 6

El cuerpo físico

Salud
Def. La salud no es la ausencia de enfermedades, sino nuestro estado natural. Es un reflejo de la pertenencia de nuestra alma en este mundo y un reflejo de cuánto nos permitimos vivir la máxima expresión de quienes somos.

¿QUÉ REPRESENTA LA SALUD EN MI VIDA?

Uno de los temas centrales de este libro es que todo es energía en constante movimiento. El cuerpo físico se rige por las mismas leyes universales por las cuales se rige toda la creación, por ejemplo, la ley del balance, la de causa y efecto y la ley de la atracción. Vivimos en una comunión constante con nuestro entorno y con la naturaleza, somos parte de ella y fluimos con sus ciclos. Nuestro cuerpo físico forma parte de ella y nosotras somos seres espirituales que habitan en él porque es nuestro templo en esta vida.

La salud no es la ausencia de enfermedades. La salud es nuestro estado natural, es un reflejo de la pertenencia de nuestra alma a este mundo y un reflejo de cuánto nos permitimos vivir la máxima expresión de quiénes somos. Cuando aprendamos a sanarnos emocionalmente y a dejar ir aquellas cosas que impiden que la energía fluya libremente, experimentaremos un mejor estado de salud. Las enfermedades son lecciones de perdón y compasión, forman parte del proceso de dejar ir y de sanar, de integrar y pertenecer y pueden ser temporales o permanentes, según lo necesitemos.

Todas las relaciones siempre representan espacios de aprendizaje. Por lo general, las lecciones de nuestro cuerpo físico son de amor, de resiliencia, de fuerza, de integridad, de humildad y de compasión. Estas no tienen orden de prioridad ni son más o menos difíciles entre ellas; todas están diseñadas para lo que necesitemos vivir en un momento puntual. Tenemos el potencial de vivir una vida completamente libre de enfermedades, pero esta no debe ser nuestra meta principal. Nuestra meta debe ser conectarnos con ese estado de salud natural y plenitud divina, al trabajar las lecciones que nos entrega el cuerpo físico a diario.

Quizás nos preguntemos: ¿Puedo tener un problema de salud y también ser la máxima expresión de mi ser sobre este mundo? Sí, podemos tener problemas de salud y también ser plenas en este mundo. Mientras abracemos estas lecciones en nuestro camino con aceptación y escojamos el camino del perdón hacia nosotras mismas y otros, seremos plenas. Existe una divinidad presente en cada experiencia, incluida la enfermedad. Si tomamos nuestro poder personal y escogemos dirigir nuestra vida hacia la expansión, e integrar todas las lecciones que vinimos a aprender, nuestro cuerpo físico nos seguirá y encontrará el balance natural. Pero si luchamos en contra de la experiencia que estamos teniendo en el cuerpo físico, si la reprochamos, la negamos o sufrimos por la experiencia que estamos viviendo, estaremos huyendo de las lecciones que el alma vino a aprender sobre la Tierra e impediremos que el cuerpo sea la expresión plena de nuestro Ser y se quebrarán las leyes de la naturaleza. Esa lucha constante entre los dos opuestos terminará desgastando el cuerpo físico y destruyéndolo. La salud está en la aceptación profunda de quienes somos y en la experiencia que estemos viviendo en el presente.

Quizás la lección más grande que nos entrega el cuerpo físico es aprender a ver la creación divina en cada célula que compone nuestro cuerpo y en perdonar. Esto puede ser fácil de aprender en un estado saludable. Pero es justamente en los momentos de enfermedad o de falta de amor propio en los que podemos perder fácilmente de vista esta verdad. Nuestro cuerpo físico es nuestro fiel acompañante en este camino espiritual, nos apoya en nuestra misión sobre la Tierra y nos ama profundamente; no busca dañarnos ni que nos separemos de él, sino que ingresemos juntos en un espacio de armonía.

Cuando le hacemos daño a nuestro cuerpo, sea por medio de nuestros pensamientos o por nuestra falta de cuidado hacia él, estamos negando ese espíritu de creación. Sé que esto puede ser un concepto difícil de aceptar, especialmente cuando hemos sido duras con nosotras mismas por mucho tiempo. Me costó muchos años llegar a un estado de comunicación con mi cuerpo en el que lograra entender sus necesidades, amarlo sin reproches y no luchar en contra de él.

Un día a la vez

Al igual que muchas otras lecciones en la vida, las del cuerpo físico representan un trabajo diario que requiere conciencia y amor que nadie más puede hacer por nosotras. Aprendamos a escucharnos en el silencio. Practiquemos la meditación, la expresión corporal, el movimiento y sentirnos plenamente. Dejemos que los sentimientos fluyan por medio de nosotros y mantengamos la energía siempre en movimiento. Estamos diseñados para movernos de todas las formas posibles, estamos diseñados para fluir y abrirnos a experimentar estas lecciones de amor con todo el corazón.

El cuerpo nos habla a diario, es a través de los síntomas y los sentimientos que nos cuenta historias de lo que dice nuestra alma y nos muestra el camino a seguir. Es en el silencio donde podemos escuchar su mensaje y es con valentía que podemos tomar la decisión de seguir sus consejos. Mis lecciones más difíciles con el cuerpo físico las he tenido en los momentos más duros de mi vida personal también. Hoy puedo ver cómo la manera en que me hablaba a mí misma y las decisiones que tomaba sobre mi vida, incluida mi falta de fe, perjudicaron mi salud.

Cuando cumplí 27 años fui diagnosticada con fibromialgia, ansiedad y depresión; además, recién había salido de una etapa difícil de muchos desórdenes alimenticios. Tenía una serie de síntomas físicos y diagnósticos que coincidían plenamente con todo aquello que ocurría en mi vida personal. Mi cuerpo físico gritaba todo aquello que yo no podía expresar o que callaba. Todavía me duele recordar estos momentos de mi vida; me arrepiento de haber llegado a ese extremo en el que me causé tanto daño físicamente, pero también sé que en ese momento no tenía las herramientas que tengo hoy para haber actuado distinto. Esas heridas y esos sentimientos de arrepentimiento por todo aquello que le causamos a nuestro cuerpo físico requieren de amor y perdón.

Así como no somos nuestros pensamientos, nuestros miedos ni nuestras emociones, tampoco somos lo que hemos permitido que ocurra en nuestro cuerpo físico. Continuamos siendo hoy y siempre seres perfectos de luz. Recordemos que cada instante es una oportunidad divina para cambiar de rumbo y buscar un balance en la verdad.

Este momento en el que leemos estas líneas, es un instante sagrado para darle un giro a nuestra vida y tomar el control de nuestra salud. Esta no es una promesa falsa, es la verdad de nuestra existencia. Aprovechemos esto para ayudar a nuestro cuerpo a regresar a su estado natural de salud. Cambiemos nuestra percepción del mundo. No somos víctimas de nuestras circunstancias ni somos impotentes ante lo que ocurre en nuestro cuerpo físico. Tenemos todo el poder que necesitamos para dirigir nuestra energía y atención hacia un estado de salud perfecto. Solo tenemos que tomar la decisión de utilizar nuestro poder y enfocar nuestra energía en lo positivo, en lo que es real y en lo que queremos tener.

Nuestro cuerpo físico no es un "objeto de uso", el cual se utiliza hasta que se agota y luego se tiene que reparar cuando no funciona como creemos que debería. El cuerpo físico vibra en respuesta a lo que está ocurriendo dentro de nosotras y es un reflejo de nuestra decisión de cómo vamos a vivir esta vida. Si no está funcionando como nosotras deseamos, es porque no estamos alineadas con la verdad, porque una vez estemos conectadas con la energía divina, veremos que nuestro cuerpo físico siempre ha estado trabajando por nosotras. No es nuestro enemigo ni nuestro objeto para destruir por placer; es un templo sagrado que sostiene nuestra verdad y nuestro camino.

En este capítulo quiero compartir algunos consejos que me ayudaron a sentirme saludable y lo suficientemente empoderada como para tomar el control de mis decisiones de salud. Empezaré este camino con el poder de los pensamientos y luego compartiré la importancia de desintoxicar el cuerpo y los hábitos diarios que me han ayudado a sentirme liviana y con más energía. Mi intención es que tomemos estos hábitos como referencia, pero que experimentemos y encontremos nuestra receta perfecta para sentirnos livianas y realmente plenas en nuestro cuerpo. Todas somos distintas y lo que es la receta perfecta de salud para una no lo es necesariamente para otra. Nosotras nos conocemos mejor que nadie. Sigamos nuestra intuición y conectémonos con nuestro silencio interno para así escuchar lo que necesitamos.

Cómo nuestros pensamientos afectan nuestro cuerpo físico

¿Recuerdan la importancia de limpiar todo aquello que obstruye el camino de hacer realidad nuestros sueños? Bueno, con el cuerpo físico ocurre algo similar a lo que ocurre con esto. Para vivir una realidad en la que vibremos con salud y vitalidad, lo primero que debemos hacer es limpiar nuestro cuerpo de aquellas cosas que nos impiden ver y sentir la vibración de la divinidad. Primero, tenemos que regresar al estado natural de salud en la mente. Observemos nuestra vida con presencia plena y tomemos la decisión de trabajar en conjunto con nuestro cuerpo físico para aprender todo aquello que vino a enseñarnos. Aprendamos a perdonar y elevar la vibración de nuestro entorno. Solo así podremos ir creando una nueva realidad tanto para nuestro cuerpo físico como para nuestro alrededor.

Nuestros pensamientos (sean positivos o negativos) tienen una vibración en el cuerpo, resuenan y crean una respuesta de igual vibración en todos los sistemas del cuerpo físico. Estamos en una comunicación constante con el cuerpo durante todo el día; nuestros pensamientos crean algún tipo de vibración en él y luego cada órgano del cuerpo responde de la misma manera. Los pensamientos negativos, los momentos de estrés, las discusiones y las palabras que no se dicen son todas fuentes de estrés para el cuerpo, porque se encuentran en una vibración distinta a la del estado natural. Por otro lado, nuestras palabras positivas, nuestro cuidado, amor y cariño son nutrición pura y un reflejo de nuestro amor incondicional por él, lo cual está en alineación con el sentimiento natural de amor.

Mi vida cambió en el momento en el que me di cuenta de que mis pensamientos y emociones tenían el poder de influenciar mi realidad y mi estado de salud. El cuerpo físico no reconoce la diferencia entre lo que estamos pensando y lo que ocurre en la vida real y reacciona de la misma manera. Si sabemos que nuestro cuerpo físico cree todo lo que le decimos, consciente o inconscientemente, habremos abierto los ojos a una verdad muy poderosa. Para bien o para mal, somos capaces de influenciar nuestro estado de salud en este momento con solo un pensamiento.

PARA PONER EN PRÁCTICA

TUS PENSAMIENTOS PUEDEN MEJORAR TU SALUD

Te propongo el siguiente experimento: imagina que en este momento recibes una llamada con una noticia triste que te cambiará la vida para siempre. Imagina todo con detalle, desde el momento en el que suena el teléfono hasta la voz al otro lado, llorando mientras nos explica lo sucedido y tu sentimiento de desesperación y dolor al oír lo que tiene que decir.

Cierra los ojos por un segundo para sentir la noticia en el pecho y el corazón. ¿Cuál fue la respuesta de tu cuerpo físico? ¿Qué sientes en ese momento? Quizás sientas un dolor de pecho o te hayas puesto nerviosa y seguramente tu corazón comenzó a latir más rápido. Todo esto es normal, ya que tu cuerpo físico reaccionó a lo que estabas imaginando de manera inmediata.

Ahora trae a la mente el recuerdo del momento más feliz de tu vida. Puede ser el nacimiento de un hijo, el día de tu matrimonio o el amor que sientes cuando compartes con tus padres una linda cena. Cierra los ojos por un segundo para sentir esa memoria intensamente. ¿Cómo se siente tu pecho ahora? ¿Sientes amor y expansión? De nuevo el cuerpo físico reaccionó casi de inmediato a aquello que imaginaste. El cuerpo habla con la verdad. Óyelo y explora cómo se siente con todo lo que piensas durante el día.

Cuando nuestros pensamientos están alineados con nuestra verdad, sentimos expansión. Cuando no, sentimos contracción. Esa es una señal clara de las cosas que están alineadas con nuestra verdad. Antes de que conociera mejor el tema de la vibración del cuerpo y la energía, vivía pensando en negativo y esperaba siempre alguna mala noticia, aunque nunca llegara. Estaba en alerta permanentemente e imaginaba las tragedias que llegarían en cualquier momento. La reacción de mi cuerpo físico era la de estar alerta, en espera de aquello que yo creía que me iba a suceder. Mis niveles de cortisol, la hormona del estrés, eran altos y así también mi ansiedad. Me costaba relajarme y, sobre todo, estaba cerrada a ver que todo estaba bien a mi alrededor y se encontraba en mi mente. No era capaz de ver la abundancia en mi vida y sentirme relajada en mi cuerpo físico; por el contrario, luchaba constantemente en contra de mi experiencia física y deseaba estar en cualquier lugar menos en el ahora.

Todos los síntomas que he experimentado a lo largo de los años han sido consecuencia de mis niveles de ansiedad, de mi falta de confianza en la vida y sobre todo de mi falta de capacidad de soltar y dejar ir las historias de mi mente. Todas las dolencias han tenido su origen en mi falta de conexión conmigo misma. Esto lo he descubierto después de largas prácticas de meditación. Mi estado de salud es perfecto cuando me encuentro en mi centro y en el momento en el que mi mente comienza a controlar mi vida, mi cuerpo físico le sigue y siento los síntomas de ansiedad y dolor en el cuerpo. Los pensamientos son una guía muy poderosa para crear la realidad. La lección está en aprender a entrenar la mente y en no apegarnos a ellos.

Tomemos el control de nuestra salud y conectémonos con nuestro poder personal. Confiemos en nuestra intuición. Dentro de nosotras tenemos toda la sabiduría del Universo y la información para vibrar y vivir alineadas con la energía perfecta. Nuestro cuerpo físico vino a enseñarnos unas lecciones muy valiosas. No las ignoremos ni caigamos prisioneras de la mente; en cambio, utilicemos nuestro poder para vibrar más alto y apoyar a nuestro cuerpo en el proceso de sanar.

=== **PARA PONER EN PRÁCTICA** ===

EXPLORA TUS SENTIMIENTOS EN EL CUERPO FÍSICO

Toma dos respiraciones profundas para centrarte en este momento. Una vez estés conectada, lee uno de los sentimientos y describe la parte de tu cuerpo físico en la que sientes esa palabra. Es importante que anotes lo primero que venga a tu mente, sin pensar ni analizar la palabra por más de cinco segundos. Permite que sea tu cuerpo el que responda, no tu mente.

- Miedo: _____
- Amor: _____
- Inspiración: _____
- Alegría: _____
- Tranquilidad: _____
- Enojo: _____

Al finalizar el ejercicio pregúntate: ¿Qué relación veo entre mi respuesta y el estado de mi cuerpo físico?

LOS ALIMENTOS DE ALTA VIBRACIÓN

La alimentación es una parte fundamental de la vida diaria. Nuestro cuerpo necesita una serie básica de nutrientes para poder sobrevivir, y cuanto más saludable, liviana y asimilable sea nuestra alimentación, más fácil será para nuestro cuerpo utilizar los nutrientes y así mantener la salud óptima. Cada minuto del día nuestras células se están renovando y la calidad de la alimentación afectará qué tan saludable se encuentre nuestro cuerpo.

Imaginemos que nuestro cuerpo físico es un contenedor vacío y todo aquello que depositamos en él afecta, entre otras cosas, la calidad de nuestras células, la frecuencia de vibración de nuestro cuerpo, la energía que tenemos durante el día, nuestro peso y el aspecto de nuestra piel. Al saber esto, ¿seríamos más conscientes de lo que ingerimos?

La dieta común contiene comida procesada, azúcar y químicos en exceso que afectan la salud. Es difícil para el cuerpo físico procesar tanta comida sin nutrientes que no le aportan vitalidad y que además dificultan los procesos naturales de desintoxicación. Todo esto lleva a obstrucciones en el cuerpo, que impiden el flujo normal de la energía y el funcionamiento de los órganos; por ende, crea un desbalance generalizado en el cuerpo y abre el camino para las enfermedades.

Además, absorbemos la vibración energética de cada alimento que consumimos y los que tienen una carga energética baja; por ejemplo, la carne de animales que han sufrido al ser sacrificados inevitablemente afectará nuestro sistema y nuestra vibración energética. Cuanto más sensible nos volvamos a la energía que nos rodea, más nos afectarán estos alimentos. El sentimiento de compasión que sentimos se extiende a todo el mundo, incluida la alimentación. He notado a lo largo de los años que la cantidad de alimentos a los que soy intolerante ha aumentado desde que como más saludable. Mi cuerpo automáticamente me pide alimentos vivos y livianos que sean fáciles de digerir como las frutas y las verduras y rechaza las comidas procesadas y la carne roja.

La reacción de nuestro cuerpo frente a los alimentos que consumimos, tanto positiva como negativa, no es casualidad. Nuestro cuerpo conoce la diferencia entre los alimentos de calidad y los que lo obligan a trabajar de más, que retrasan su proceso natural de desintoxicación y renovación.

Pero el estado del cuerpo físico no es la única razón para consumir alimentos naturales, orgánicos y locales. La industria alimenticia es una de las principales razones de la deforestación, la destrucción ambiental, la contaminación de los mares, el maltrato animal y el calentamiento global. Cuando nuestra dieta está basada en plantas y alimentos producidos localmente, estamos ayudando al ambiente y a reducir la crueldad hacia los animales. Además, elevamos el nivel de compasión y amor en el mundo y nos permite ser parte de un ecosistema un poco más justo en donde los seres humanos somos respetuosos sin abusar de él.

RECOMENDACIONES PARA MANTENER UNA ALIMENTACIÓN SALUDABLE

Consumir frutas y vegetales en abundancia: la comida viva, especialmente los alimentos verdes, debe constituir un mínimo de 60 % de la dieta diaria. Al comer alimentos frescos con un alto valor nutritivo, automáticamente el cuerpo comienza a rechazar comidas que lo enferman. Además, los alimentos verdes nos ayudan a fortalecer la sangre y el sistema respiratorio y a desintoxicar el cuerpo y aportan una gran cantidad de fibra. Una forma fácil de consumir una gran cantidad de frutas y verduras crudas al día es en los jugos y batidos verdes. Esto es como armar una ensalada en un vaso, ya que nos aporta una gran cantidad de nutrientes y antioxidantes que, de otra forma, quizás no consumiríamos en nuestra dieta diaria. Es mi manera favorita de consumirlos.

Preferir lo orgánico sobre lo convencional: los alimentos orgánicos son más nutritivos y saludables que los alimentos contaminados con químicos y pesticidas. Los pesticidas más utilizados son químicos extremadamente dañinos para el cuerpo que causan desde problemas hormonales hasta cáncer y que contienen, entre otras cosas, metales pesados (conocidos por afectar el sistema nervioso). Además, estos químicos contaminan las fuentes potables de agua y los suelos, por lo que estamos no solo apoyando los procesos naturales de desintoxicación de nuestro cuerpo físico, sino también reduciendo el daño al medio ambiente.

Elijamos siempre productos con fibra por encima de productos procesados sin fibra: reemplacemos la pasta, el pan, las galletas y el arroz blancos por integrales. Estos contienen más fibra, generalmente están menos procesados y nos ayudarán a regular la digestión y a mantener el cuerpo más liviano.

En la sencillez está la clave: las comidas sencillas, que contienen la menor cantidad de ingredientes, son más fáciles de digerir. Evitemos las combinaciones excesivas, por ejemplo, un plato con alimentos de un *buffet* es mucho más difícil de digerir y causará más subproductos tóxicos en el cuerpo que un plato correctamente combinado.

Evitemos la comida procesada: cualquier alimento que tenga una duración de meses o inclusive años contiene una serie de químicos necesarios para mantenerlo en buen estado. Además, la comida procesada contiene exceso de sal, azúcar, colorantes y sabores artificiales. Todos estos ingredientes en abundancia son sumamente dañinos para el cuerpo. En general, toda la comida procesada es alta en calorías y baja en nutrientes. Mi recomendación es que cocinemos en casa con ingredientes naturales y le añadamos una dosis de amor a cada alimento que vayamos a consumir.

Mantengamos las porciones pequeñas: nuestro estómago no está diseñado para ingerir platos enormes de comida. El exceso de alimentos sin nutrientes nos ha llevado a consumir porciones más grandes, ya que el cuerpo naturalmente siente más hambre porque no ha recibido los nutrientes que necesita. Acostumbrémonos a porciones más pequeñas, pero con altos niveles de nutrición. Mastiquemos la comida lentamente y paremos de comer cuando nos sintamos satisfechas, no cuando ya no seamos capaces de comer más.

Evitemos consumir azúcar blanca: el azúcar, en sus diferentes versiones, es un ingrediente común que se agrega a muchos de los productos procesados, postres y jugos que venden en los supermercados. El azúcar es altamente adictiva, inflama el cuerpo y es responsable directamente de muchas enfermedades comunes hoy en día. Sustituyamos el azúcar por miel de abejas o frutas y evitemos los postres y las salsas cargadas de azúcar blanca refinada. Intentemos no consumir azúcar durante un mes y notaremos que nuestros niveles de energía aumentan, nuestro humor cambia y nos sentimos más livianas.

Incorporemos alimentos altos en antioxidantes: hay alimentos que están cargados con una cantidad enorme de antioxidantes como el té verde, la cúrcuma, el jengibre, el ajo y las especies. Incorporémoslos en nuestra dieta diaria, ya que nos ayudarán a desinflamar el cuerpo y a dar sabor a los alimentos sin necesidad de añadir químicos y nos aportarán una gran cantidad de vitaminas y minerales.

Tomemos suficiente agua: el agua es vital para sobrevivir. Hidrata la piel, apoya los procesos naturales de desintoxicación del cuerpo y ayuda a la digestión y al funcionamiento correcto de todos los órganos, pero no toda el agua que consumimos tiene los mismos beneficios. Invirtamos en un purificador de agua que elimine metales pesados y evitemos el agua en botellas plásticas que contienen químicos dañinos para el cuerpo.

Consumamos productos locales de agricultores: al hacerlo estaremos ayudando a la economía local y reduciremos el impacto que causa el transporte de los productos importados en el medio ambiente.

Conozcamos las alergias alimenticias: las alergias alimenticias son la causa de múltiples síntomas de salud, desde brotes en la piel, inflamación crónica, dolor de cuerpo y mala digestión, entre otros. Cuando nuestro cuerpo lucha contra un alimento al cual es alérgico, todo nuestro sistema inmune está enfocado en eso, lo cual nos hace más propensas a adquirir enfermedades y a tener un sistema débil. Eliminar aquellos alimentos que nos causan alergias puede hacer la diferencia entre un cuerpo inflamado y pesado a uno liviano y con vitalidad.

La buena alimentación no solo apoyará todas las funciones naturales del cuerpo, sino que también se convertirá en una gran aliada en nuestro camino de crecimiento espiritual. Todas las tradiciones espirituales resaltan la importancia de la alimentación y el cuerpo liviano para poder llegar a estados de conciencia más altos. La alimentación es parte de este camino y afecta cómo nos relacionamos con toda la creación, porque el cuerpo físico forma parte de la naturaleza. Utilicemos nuestra intuición para elegir alimentos que contengan una carga energética justa y responsable y que hayan sido cultivados éticamente, con amor y sin destrucción.

MIS HÁBITOS DIARIOS FAVORITOS

Una de las lecciones más grandes que aprendí a lo largo de mi proceso es que mi salud es una prioridad, por encima del estilo de vida que lleve. A pesar de que amo viajar, entiendo que esto desgasta mucho el cuerpo físico, especialmente el de las personas como yo, que somos sensibles energéticamente y necesitamos tiempo para ajustarnos a los cambios de ambiente, horarios y alimentación. Los aviones y aeropuertos son espacios cerrados con aire reciclado que drenan la energía vital y la comida disponible tiende a ser comida procesada sin valor nutricional, por lo que tenemos que tener rutinas saludables muy establecidas para mantener nuestra energía y vitalidad.

He aprendido a establecer una serie de hábitos diarios que apoyan mi estilo de vida en particular. Sin embargo, cada persona es diferente, por lo que aquí comparto los hábitos que me han ayudado a mí en estos últimos años a llevar una vida más balanceada. Recordemos que debemos estar muy conectadas con nuestra intuición y escuchemos nuestro cuerpo físico en todo momento, ya que sus señales serán nuestros indicadores para saber si lo que estamos haciendo nos aporta vitalidad o no.

CONSUMIR UN VASO DE AGUA TIBIA CON LIMÓN AL DESPERTAR

Este es uno de mis hábitos favoritos desde hace años. Es una forma fácil de alcalinizar nuestro cuerpo y apoyar los procesos de digestión. Incluso si estamos en un hotel o en un avión, casi siempre es posible conseguir un vaso de agua tibia con unas rodajas de limón. Si viajan mucho, les recomiendo tomar un vaso de agua tibia con limón por hora durante todo el viaje.

Los beneficios de esta práctica son muchos, desde hidratar el cuerpo y apoyar los procesos naturales de desintoxicación hasta limpiar el hígado y mejorar la digestión. Además, alcaliniza el cuerpo, lo cual ayuda a disminuir las enfermedades y mantiene el sistema inmune fuerte. Lo ideal es que el agua esté tibia y que iniciemos con el jugo de un cuarto de limón y vayamos en aumento hasta consumir medio limón.

Consumir un *shot* de cúrcuma y jengibre

Este hábito es una parte importante de mi día y una de las formas en las que mantengo mi sistema inmune fuerte. La cúrcuma y el jengibre son dos raíces muy poderosas que están llenas de poder antiinflamatorio y antioxidante. Además, desinflaman el cuerpo, aumentan el sistema inmune, reducen los dolores de articulación, ayudan a la memoria y cuentan con propiedades antibacteriales y antivirales, las cuales contribuyen a mantener el cuerpo libre de enfermedades. Son una fuente de energía natural, sin la necesidad de consumir estimulantes como la cafeína.

Dormirse antes de las 10 p. m.

El sueño es necesario para la recuperación del cuerpo físico y la conexión con el alma. Dormir es vital para nuestra existencia y la calidad del sueño determinará no solo los niveles de energía que tengamos durante el día, sino también el estado del cuerpo físico. Un sueño reparador nos ayudará en la autocuración y reducirá la inflamación del cuerpo. Mientras dormimos también ocurren muchos procesos físicos, incluida la desintoxicación y la regeneración de los tejidos. Intentemos dormir antes de las 10 p. m. y permitamos que pasen al menos tres horas después de cenar para que nuestro cuerpo tenga tiempo de hacer la digestión.

Agregar fuentes de magnesio a nuestra dieta diaria

El magnesio es un mineral necesario para el funcionamiento correcto de casi todos los sistemas del cuerpo, incluidas numerosas funciones cerebrales y del sistema nervioso. Hay muchos estudios sobre cómo la deficiencia de magnesio es responsable de muchos síntomas y enfermedades crónicas comunes hoy en día. Los malos hábitos alimenticios, el estrés y los suelos de cultivo que carecen de minerales son las razones principales por las que muchas personas presentan una peligrosa deficiencia de este mineral esencial. Agregar magnesio a mi dieta diaria me ayudó a reducir varios de los dolores de articulación y de cuerpo que sufría a diario. Podemos encontrar magnesio en alimentos como las nueces, las semillas, las hojas verdes oscuras, el cacao puro, el aguacate y el banano.

CONSUMIR BATIDOS VERDES

Los batidos verdes son fáciles de preparar y constituyen una fuente increíble de nutrientes. Tienen muchos beneficios para la salud, nos dan energía natural, aumentan el sistema inmune y están llenos de vitaminas, minerales y antioxidantes, varios de los cuales no los recibimos en nuestra dieta diaria. Además, nos ayudan a desintoxicar el cuerpo, mejoran el aspecto de la piel y regulan la digestión. Los batidos son muy fáciles de preparar. Para empezar, podemos utilizar una receta base como la que les comparto a continuación y luego añadirle diferentes ingredientes según el gusto.

Receta base para los batidos

1 taza de espinacas
½ taza de arándanos
1 taza de jugo de naranja
1 banano
1 cucharadita de semillas de chía

Al añadir ingredientes, tengan en cuenta lo siguiente:

- Intenten que el batido contenga una buena cantidad de hojas verdes o verduras, por ejemplo, 50 % puede ser fruta y otro 50 % verduras u hojas verdes.
- Para aprovechar al máximo los nutrientes, deben consumir el batido en el momento. Si necesitan prepararlo antes,

entonces lo mejor es que lo guarden en la nevera en un contenedor sellado (por ejemplo, un tarro de vidrio) durante máximo seis u ocho horas.

- Si quieren un batido frío, lo ideal es que congelen las frutas que vayan a utilizar.

- Es importante que varíen las hojas verdes y las verduras que vayan a utilizar. Al hacerlo estarán asegurando el valor nutricional de las hojas y prevendrán la acumulación de ciertas vitaminas y minerales.

- Les recomiendo tomar el batido al desayuno con el estómago vacío, ya que les dará energía y nutrirá el cuerpo desde el inicio del día. Sin embargo, también pueden tomar el batido a media tarde en lugar de comer algo dulce o en la noche como reemplazo de la cena. Todo depende cómo sientan su cuerpo.

TOMAR AGUA CALIENTE

En el ayurveda, el sistema tradicional de medicina hindú, se recomienda tomar agua caliente como una práctica para purificar el cuerpo. Este hábito ayuda a limpiar el sistema linfático, elimina los líquidos retenidos, relaja el sistema nervioso y descongestiona las vías respiratorias. El agua caliente se puede tomar durante todo el día, inclusive en lugar del agua fría. En un principio puede sentirse extraño tomar agua caliente sola, pero una vez nos acostumbramos se vuelve un hábito fácil de mantener, ya que el cuerpo físico lo pedirá naturalmente.

LA VIDA ENTRA A TRAVÉS DE LA RESPIRACIÓN

Esta es quizás la clave número uno para conectarnos con nuestro Ser. La vida entra por medio de la respiración y sin aire no podemos vivir. La respiración consciente es una práctica de purificación de nuestra energía. Con cada inhalación absorbemos no solo el aire del entorno, sino también la carga energética de él. Con cada exhalación consciente, exhalamos amor al mundo. Es una de las formas más sencillas de conectarnos con el presente y con el estado del cuerpo físico.

Una respiración controlada y profunda también tiene muchos beneficios para la salud física y es algo que fácilmente olvidamos realizar correctamente. Es muy común que respiremos hasta la altura del pecho y que mantengamos una menor oxigenación del cuerpo. La respiración adecuada tiene que ser controlada e incluir todo el abdomen, con una inhalación profunda y una exhalación profunda, siempre con la conciencia de la conexión con el cuerpo físico.

Cuando respiramos adecuadamente, aumentamos la oxigenación del cuerpo, favorecemos la eliminación de toxinas del sistema, mejoramos el estado del sistema nervioso, reducimos el estrés y aumentamos la vitalidad. Es una de las herramientas más sencillas que tenemos para traer paz y bienestar al momento presente. Además, no necesitamos ningún tipo de objeto externo y no tiene costo. Solo tenemos que acordarnos de parar nuestra rutina y tomar una respiración profunda.

La manera ideal de acordarnos de este hábito es crear recordatorios diarios que nos conecten con la respiración y con el cuerpo físico. Podemos poner una alarma en el celular para que nos recuerde que debemos detener lo que estemos haciendo y tomar una respiración profunda.

Para poner en práctica

Conéctate con tu respiración

* Paso 1: para lo que estés haciendo.
* Paso 2: inhala profundo y asegúrate de que el aire llene el abdomen.
* Paso 3: escucha el silencio por un segundo.
* Paso 4: exhala profundo.
* Paso 5: repite la respiración dos veces.

Este ejercicio es sencillo y es todo lo que necesitas para traer presencia y paz al momento presente.

Recibe energía del sol

La luz del sol es necesaria para nuestro cuerpo físico, ya que nos ayuda a eliminar bacterias malas, producir vitamina D, aumentar el sistema inmune y mejorar el humor. No solo es necesaria para nuestra salud, sino que también es un placer de disfrutar y merece nuestra devoción diaria.

Salgamos cada mañana y reconozcamos el sol por unos minutos. Parémonos al frente, cerremos los ojos y demos gracias a la divinidad por la perfección del sol y por tener un vehículo tan perfecto para poder experimentar esta vida como lo es el cuerpo físico. Observemos la conexión energética entre el cuerpo físico y el sol y cómo cada rayo de luz recarga nuestro sistema. Es inevitable sentir un amor profundo por la luz, la vida y el calor que nos entrega a diario el sol y por la noche, la luna.

Conectarse con los ciclos menstruales

Conectarnos con los ciclos menstruales es honrar el cuerpo físico y reconocer lo maravilloso que es ser mujer. Mediante los ciclos menstruales estamos abriendo un espacio para dar vida y también para purificar todo aquello que nos impide brillar. Es la manera en que la naturaleza nos recuerda vivir en sintonía con ella. En la sociedad moderna se ha perdido mucha de esta conexión con la menstruación e inclusive hay un rechazo hacia ella, cuando en realidad representa una magia que, si nos abrimos a descubrir, puede brindar información valiosa sobre nosotras mismas y el mundo en el que vivimos.

Hay una profunda conexión entre los ciclos menstruales y los de la Luna. Cada mes tenemos la oportunidad de crecer espiritualmente y conocer mejor cómo el cuerpo físico fluye con los ciclos de la naturaleza. Comencemos la práctica regular de observar los ciclos de la Luna y nuestros ciclos menstruales para conectarnos con la fuerza lunar, limpiar nuestra energía y sembrar nuestras intenciones. Purifiquemos la mente de creencias negativas hacia la menstruación y regresemos a la conexión con esa sabiduría interna que todas llevamos dentro.

En cada fase del ciclo presentamos necesidades y niveles de energía diferentes. Podemos organizar las actividades del mes alrededor de los ciclos y en poco tiempo notaremos que somos más productivas y que nos conectamos mejor con el cuerpo físico. La menstruación es uno de los grandes regalos de la vida, es la oportunidad de conectarnos con algo más grande que nosotras mismas y abrir el espacio para que fluya la energía de la creación y la creatividad.

Por ejemplo, en la primera semana del ciclo, cuando estamos menstruando, somos más sensibles y el cuerpo atraviesa un proceso natural de desintoxicación. Tomemos estos días para ir hacia adentro, conectémonos con aquellas cosas en nuestra vida que queremos soltar y escuchemos los mensajes de nuestro corazón. En esta fase es importante mimarnos, descansar y realizar rituales que nos conecten con nuestra espiritualidad. Regresemos al silencio, honremos la energía femenina y conectémonos con nuestra intuición. Escribamos en un diario todas nuestras intenciones para el mes y abramos espacio para pasar tiempo a solas con nosotras mismas.

Durante la segunda semana, debemos prepararnos para ovular y permitir que la energía de la vida y la creación entren. En esta fase nos sentimos con más energía para hacer actividades físicas, aumentamos la libido y somos más productivas. Conectémonos con estas energías y exploremos diferentes medios de expresión como la pintura, la danza y la música. Realicemos sesiones de ejercicio más intensas y saquemos tiempo para socializar.

La tercera fase del ciclo es la fase de descenso, en la que podemos sentir una mezcla de emociones positivas y negativas, una necesidad de un cambio en nuestra vida y una inquietud por dejar ir las cosas que no están funcionando. Examinemos todo aquello que desearíamos que fuera diferente. Esta fase puede crear la sensación de inestabilidad emocional, por lo que es importante sentir compasión por nosotras mismas en este proceso. Nuestro cuerpo es maravilloso y está integrando todo lo bueno y lo malo para ayudarnos a encontrar el balance. Es una fase con mucha energía y confianza en nosotras mismas, por lo que sentiremos las ganas de hacer actividades físicas y de socializar.

En la última semana, la cuarta fase, sentimos que todas las lecciones de este ciclo se integran y buscan un balance. En esta etapa podemos sentir síntomas premenstruales y antojos por ciertas comidas. Alimentemos nuestro cuerpo con comidas naturales, busquemos balance y descansemos. Nuestro cuerpo nos está pidiendo integrar todo lo aprendido en estas últimas semanas.

La conexión con el ciclo ayuda a aumentar la productividad, mejora el bienestar y apoya la conexión espiritual. Si honramos el momento de la menstruación y tomamos ese tiempo para ir hacia adentro, descansar y conectarnos con el silencio interno lograremos una mayor conexión con nuestra energía femenina, que es también muy poderosa. Aprovechemos las semanas de más energía para crear proyectos nuevos y realizar más actividades físicas. Al hacerlo, estaremos viviendo en sintonía con los ciclos de la naturaleza y exploraremos a profundidad la experiencia de ser mujeres.

RUTINAS MATUTINAS

Durante la noche, nuestro cuerpo cumple con las funciones de desintoxicación y regeneración y la manera en la que iniciamos la mañana puede determinar el resto de nuestro día e influir en nuestro estado de salud.

La mañana es una oportunidad sagrada de conectarnos con nuestro Ser. En el momento en el que despertamos, tenemos la mente "limpia", todavía no hemos iniciado el día y no nos hemos involucrado con la energía a nuestro alrededor. Este y el instante justo antes de quedarnos dormidas son los dos momentos con mayor conexión con el alma. Utilicemos nuestra práctica matutina como una forma de conectarnos con nuestro centro desde la mañana y permanecer en él por el resto del día. Está demostrado que si iniciamos nuestro día con esta "alineación" divina, podremos enfrentar mejor todo lo que llegue a nosotras durante el día y sabremos responder con calma y serenidad.

Hay muchas formas de diseñar las prácticas matutinas; lo importante es que apoyen la conexión con nuestro centro y la salud del cuerpo físico. Podemos tener una mezcla de diferentes prácticas y rutinas; lo esencial es que nos haga sentir bien a nosotras mismas y que sintamos la motivación para hacerla a diario.

A continuación encontrarán algunas ideas de prácticas matutinas que toda Mujer Holística puede realizar:

- Asistir a una clase de yoga.
- Meditar.
- Salir a caminar en la naturaleza.
- Oír audios o leer textos que nos inspiren.
- Conectarnos con nuestro espíritu creativo, pintar o escribir.
- Realizar una práctica religiosa.
- Escribir en un diario de vida.
- Nutrir el cuerpo con un breve masaje con aceites esenciales.
- Prepararnos con amor un jugo verde o un *shot* de jengibre.
- Bailar o expresarnos corporalmente.
- Contemplar en silencio.
- Desayunar en familia.
- Prepararnos un desayuno saludable y agradecer por el cuerpo físico.

Describamos cómo sería nuestra mañana ideal y cómo nos sentiríamos al hacer estos rituales. Preguntémonos: ¿Hay algo que me impide poder tener esta rutina matutina? Si es así, ¿cómo podrías adaptar o abrir espacio para incluir algunas prácticas, inclusive dentro de todas las actividades que tienes alrededor?

PARA PONER EN PRÁCTICA

DIARIO DE ALIMENTACIÓN

Cada persona es diferente y tiene distintas preferencias y necesidades alimenticias. No existe una dieta igual para todo el mundo, por lo que es importante observar qué necesidades tienes y cuáles comidas son adecuadas o no para ti. El diario de alimentación es un ejercicio que descubrí en la certificación de *Health Coach* de *Integrative Nutrition* y se ha convertido en una herramienta clave para ayudarme a detectar intolerancias alimenticias y comidas que reduzcan mis niveles de energía. Inclusive he podido detectar alimentos a los que soy intolerante, que no salían en los exámenes de laboratorio. El cuerpo es sabio y comunica todo. Si un alimento no te hace sentir bien después de ingerirlo, no deberías consumirlo más. Si escuchas con atención lo que el cuerpo expresa mediante la digestión o los dolores físicos, podrás definir cuál va a ser tu plan de alimentación y los hábitos que apoyarán tu camino espiritual.

Para elaborar el diario de alimentación debes anotar todo lo que comas durante el día. Luego debes registrar cómo te hizo sentir cada alimento y registrar sucesivamente lo que percibas a las tres, a las doce y finalmente, a las veinticuatro horas. Debes incluir todos los síntomas que encuentres: si te sientes cansada o liviana, si te costó concentrarte o si tuviste más energía, si te causó estreñimiento o si percibiste algún dolor o incomodidad física.

Es ideal hacer este ejercicio durante mínimo diez días para encontrar patrones de síntomas. Observa qué comidas te hacen sentir bien, cuáles debes evitar y si estás consumiendo suficiente fibra, vegetales y comidas vivas.

Este ejercicio te brindará información suficiente sobre los patrones alimenticios que sigues y te dará una guía para saber qué comidas apoyan tu bienestar.

Capítulo 7

La práctica diaria de iluminación

Serenidad
Def. Cooperar incondicionalmente con lo inevitable.

La importancia de la práctica diaria

Hasta el momento hemos visto una gran variedad de conceptos y teoría para transformar nuestra vida y hacer de ella algo que no solo nos haga sentir felices, sino que se convierta en la máxima expresión de quienes somos.

Pero la teoría, las palabras y los conceptos son solo eso: palabras sobre un papel. La práctica es la verdadera maestra de todo lo que hemos leído hasta ahora. Es la que lo transforma en una parte de la vida real. El cuerpo físico y la mente no creerán nada de lo que hemos aprendido hasta que lo apliquemos y así mismo la energía no cambiará hasta que lo creemos todo con convicción. La teoría no nos servirá de nada si dejamos a un lado la disciplina. Aunque existen cientos de prácticas espirituales de todo tipo y muchísima información disponible en el mundo, y aunque cada una es diferente, al final están dirigidas a un mismo destino: la conexión con el Ser. Podemos pasar una vida entera oyendo meditaciones y leyendo libros de desarrollo personal, pero si no aplicamos lo aprendido, no lograremos sentir esa conexión interna. La espiritualidad no es algo que se lee: es algo que se siente y que se vive en el momento presente.

La vida está compuesta de pequeños momentos y se convierte en la suma de todos aquellos segundos y minutos que vivimos. Tenemos esta idea errónea de que "algún día" tendremos todo lo que deseamos y podremos vivir en paz. La eterna expectativa de que algún día algo maravilloso va a ocurrir en nuestra vida. Así los días pasan, la vida pasa y ese día tan anhelado no llega. No hay un evento particular en la vida ni un día puntual que nos convierta en personas felices: es la suma colectiva de los pequeños momentos lo que nos dará la felicidad. Inclusive este momento puede ser uno de ellos. Cada momento en que sintamos esa conexión y ese agradecimiento por nuestra vida será muy benéfico para nosotras. Vivamos como si hoy fuera el último día de nuestra vida, porque nada en esta existencia está garantizado y todo puede cambiar en un segundo.

Existe un mito que asegura que la espiritualidad es solo para ciertas personas o que hay personas más espirituales que otras. El hecho de que una persona haya estudiado con los grandes maestros espirituales del mundo o tenga una sensibilidad especial para compartir con otros no la hace más o menos espiritual que una persona que realiza su práctica con disciplina y en silencio. Si sentimos que estamos aprendiendo lentamente a meditar y a conectarnos con el amor, sabremos que vamos por el camino correcto. No tenemos por qué sentir vergüenza por no haber explorado este camino antes o no entender ciertos conceptos. Si somos capaces de sentarnos en el silencio de la verdad y concentrarnos en el camino que estamos viviendo en este momento, estaremos realizando una práctica espiritual profunda.

La espiritualidad no es una moda ni un estado de iluminación que solo llega para quienes tienen tiempo para asistir a un retiro. Todo lo contrario: la espiritualidad es la conexión con la Verdad que todos ya llevamos dentro. Independientemente de nuestro estilo de vida o de los libros que hayamos estudiado, la espiritualidad es el camino propio que exploramos en silencio.

Hay muchos caminos en esta vida, todos muy diferentes y ninguno más importante que otro. No podemos juzgar el camino de otra persona: es el suyo y no el nuestro. Concentrarnos en el camino espiritual de otras personas es poner nuestra atención fuera del nuestro y nuestras lecciones no están en el camino de ellos, están en el aquí y el ahora. No nos distraigamos, no ignoremos nuestro camino, enfoquémonos con disciplina en nuestra vida y veremos cómo los milagros ocurren. Nuestra fe no es algo que se ve con los ojos, sino que se siente, y debemos tener presente que no nos vamos a graduar un día como seres de luz ni vamos a recibir un diploma que diga "felices para siempre". El recorrido diario siempre será el destino final.

Decidamos tener una práctica espiritual que apoye nuestro estilo de vida y que nos haga sentir bien. Procuremos que sea un tiempo sagrado no negociable. Pronto veremos que nuestro entorno comienza a cambiar y sentiremos una paz profunda. La realidad que vemos y nuestro nivel de felicidad dependen de nuestro ambiente interno, no de los eventos externos en sí. Al elegir regresar a nuestro centro por medio de la práctica diaria, escogeremos ver un mundo distinto y nuestra felicidad depende de eso.

PARA PONER EN PRÁCTICA

LA PRÁCTICA DIARIA

Responde las siguientes preguntas:

* ¿Cómo podrías reservar unos minutos al día para tu práctica espiritual?
* ¿Cómo crees que te sentirías si lo hicieras?

* ¿Qué áreas de tu vida podrían beneficiarse de tu presencia y amor diarios?

¿CÓMO LIDIAR CON LAS DISTRACCIONES EN NUESTRA PRÁCTICA DIARIA?

La disciplina es una parte fundamental de todo camino espiritual. Es normal que sintamos momentos de conexión profunda y otros en los que la mente domine todo y vivamos en piloto automático. El gran reto para cualquier persona en su camino espiritual es entrenar la mente para regresar en todo momento a su centro. Las distracciones en nuestro camino son temporales y no nos aportarán ni el bienestar ni la paz que estamos buscando. Es nuestra decisión involucrarnos o no con lo que esté ocurriendo en nuestra mente o en nuestro entorno o decidir ser las observadoras de esa experiencia con plena conciencia del momento.

Así como no hay personas en el mundo que nos puedan regalar la felicidad, tampoco hay personas que nos puedan obligar a tener una práctica espiritual diaria. Tener una práctica diaria es una decisión personal y consciente que solo nosotras podemos tomar. Explorar quiénes somos es una bendición y una obligación y, si decidimos no hacerlo, nos encontraremos con un camino lleno de retos y lecciones que de alguna forma nos obligará a conocernos mejor. De cualquier modo, no hay escapatoria, ya que el solo hecho de estar vivas implica atravesar una experiencia espiritual. Nosotras escogemos cómo queremos vivirla.

Para poner en práctica

Un minuto de pausa en el trabajo

Programa una alarma en tu celular para que te recuerde cada hora hacer una pausa y meditar. Cuando suene, detén lo que estés haciendo y siéntate con la espalda recta y los pies firmes sobre el piso. Pon tus manos con las palmas hacia abajo sobre tu regazo y toma una respiración profunda para centrarte en el momento presente.

Ahora comienza a respirar profundo; inhala y exhala por la nariz. Con cada inhalación siente cómo el aire ingresa hasta tu abdomen y te llena de paz y serenidad. Con cada exhalación suelta todo aquello que no te sirve. Siente cómo esta respiración controlada te llena de paz y de seguridad. Continúa respirando de esta manera por un minuto. Al finalizar piensa: "Me siento relajada y todo es perfecto tal cual está ocurriendo".

Tipos de práctica diaria de meditación

Hay dos tipos de práctica diaria: la primera es la que hacemos activamente, por ejemplo, sacar diez minutos al día para meditar; la segunda es una práctica pasiva en la que en todo momento estamos presentes en la experiencia que estamos viviendo y participamos con interés y atención. En esta, somos las observadoras conscientes de nuestra experiencia. Ambas prácticas nos van a ayudar a traer más amor, más presencia y conciencia a la vida. Yo recomiendo implementar las dos en nuestra rutina, reservar unos minutos al día para nuestra práctica de meditación activa y también vivir la vida entera con una presencia plena y en gratitud por el momento presente.

Nuestra práctica diaria activa puede ser muy corta, por ejemplo, de diez a quince minutos. Sabremos que nos hemos conectado con nuestro Ser porque sentiremos serenidad, paz interna y expansión en el cuerpo físico. Si sentimos que la mente analiza la práctica y no logramos controlar los pensamientos, no debemos desfallecer y, por el contrario, debemos seguir practicando todos los días. No esperemos sentir una conexión desde la primera meditación. Recordemos que la práctica es la gran maestra.

Sé consciente de frases como "no tengo tiempo para meditar", "no soy lo suficientemente espiritual", "no puedo concentrarme", "no lo logro", "me distraigo y pienso en otras cosas", "me aburre estar sentada", "no percibo los beneficios", "mi mente no se calla" o "no me gusta estar en silencio". Ninguna de estas frases representan quiénes somos ni nos impiden poder conectarnos con nuestra espiritualidad; simplemente son frases que pasan por nuestra mente y que nos distraen de alcanzar esa conexión con nosotras mismas, así que nada más reconozcámoslo como lo que son y continuemos con la práctica. Si nos cuesta mucho, podemos buscar otras formas de lograr la conexión, como salir a caminar en la naturaleza.

Vivir conscientes del momento presente y tener una práctica espiritual diaria es una decisión, al igual que comer saludable, ser feliz o hacer ejercicio. Qué triste sería llegar al último día de nuestra vida y darnos cuenta de que todo lo material ya no nos sirve y no nos embarcamos en la aventura más grande que pudimos haber vivido: la de la experiencia humana. Exploremos la vida en toda su intensidad hoy, porque el mañana no está garantizado.

Consejos para iniciar una práctica espiritual

Si nunca hemos realizado prácticas espirituales, nos podemos sentir perdidas entre tantas técnicas y herramientas. Aquí comparto algunos consejos para iniciar y prácticas sencillas que podemos hacer en cualquier momento:

1. Reservar un horario fijo al día para la práctica espiritual
Observemos en qué momento del día podemos sacar espacios de unos minutos para nuestra práctica espiritual y comprometámonos a hacerlo. A mí, por ejemplo, me funciona en las mañanas cuando despierto. Generalmente pongo un *playlist* de música de meditación o de cantos y enciendo unas velas en mi altar. Si somos conscientes de los momentos del día en los que sentimos más estrés, podemos reservar los espacios de meditación para contrarrestar esos momentos; por ejemplo, si la tensión aumenta en las tardes, entonces el momento ideal podría ser en la noche, cuando todo esté en silencio, antes de dormir.

2. Activar recordatorios de los espacios de conexión
Es fácil pasar los días en medio de una rutina que ocurre a toda velocidad, sin considerar los efectos que puede tener en nuestro cuerpo y en nuestras emociones. Cuando estamos expuestas a mucho estrés o permitimos que la mente dé vueltas sobre los mismos pensamientos, bloqueamos la energía y la conexión con nuestra esencia. Podemos poner una alarma en el celular a las 11:11 a. m. y a las 1:11 p. m., números angelicales que nos ayudarán a recordar que los ángeles nos acompañan en todo momento y a mantener una actitud positiva. La práctica de poner una alarma es una forma sencilla de crear los recordatorios diarios e incentivar esa práctica en donde todo se vuelve más fácil. A medida que practicamos la

meditación o la conexión con nuestro Ser, lograremos entrar en estados de consciencia superior mucho más rápido y nos será más fácil tomar decisiones desde nuestro centro y, sobre todo, podremos vivir en este mundo con más paz y serenidad, realmente disfrutando nuestra vida.

Imaginemos que esta conexión con la luz es como una autopista: cuanto más tránsito haya, más lenta será nuestra conexión y más cansadas estaremos cuando intentemos conectarnos, mientras que si el camino está libre, más rápido lograremos establecerla.

3. Desarrollar la creatividad

Desarrollar la creatividad es una forma sublime de traer más presencia a nuestra vida, calmar nuestra mente y liberar emociones. La creatividad es una expresión de nuestro Ser, de nuestro espíritu y de nuestras emociones. Cuando creamos, aportamos algo al mundo y nos conectamos con nosotras mismas en el proceso. Elijamos un medio que nos guste; puede ser la pintura, la música, la cocina o la jardinería, entre otros. Dediquemos un espacio sagrado a hacer lo que amamos, aunque sintamos que no somos buenas o que no tenemos tiempo para eso. Si logramos abrir espacio en nuestra rutina para la creatividad, veremos los beneficios en todas las áreas de nuestra vida.

Pensemos en formas no convencionales de utilizar la creatividad, por ejemplo, si tenemos una oficina, ¿cómo podríamos organizarla de una manera diferente? ¿Qué fondo de pantalla tenemos en nuestro computador en este momento? ¿Qué objeto podría hacer el espacio más ameno? En la casa, ¿cómo podríamos sentirnos mejor? ¿Cómo podríamos traer más creatividad a las actividades de toda la familia?

Nuestra alma se expresa mediante símbolos, imágenes y colores. Busquemos traer creatividad a todas las actividades del día, incluso las que formen parte de nuestra rutina diaria.

Veremos que nuestra actitud hacia ellas cambia y que comenzamos a traer más presencia a todo lo que hacemos, ya que el alma se expresa por medio de la creatividad, los símbolos, los colores y la música. Permitamos que esa energía de vida y de creatividad se expanda por todo nuestro Ser.

Es interesante saber que en el idioma balinés no existe la palabra "artista", porque el arte que conocemos, como la música, la pintura o el baile, hacen parte de la expresión de la vida. Las mujeres estamos naturalmente diseñadas para dar vida y crear. Esto no significa necesariamente ser madre de un ser humano; también puede significar traer a este mundo cosas nuevas, ser un canal para la creación y ser un espacio de contención para algo nuevo. Permitamos que esta energía de creación fluya en nosotras, que cobre vida y que se exprese en este mundo con creaciones de luz. Nuestra creación es una ofrenda a este mundo. No tiene que ser particularmente algo "lindo", atractivo o "bueno"; simplemente tiene que ser una expresión de quiénes somos.

4. Explorar el mundo cercano y lejano

Explorar es una buena manera de estar presente y de vivir cada momento con intensidad no significa necesariamente salir de viaje, ya que es posible explorar el entorno que nos rodea. ¿Qué tal si dedicas una tarde para ir a un museo que nunca hayas visitado o a caminar por un parque? Explorar es una forma de dejar ir nuestros miedos y abrirnos a lo desconocido. Cuando lo hacemos, viajamos o vamos a lugares desconocidos y abrimos la mente a la posibilidad de que las cosas, aun nuestra vida, pueden ser muy diferentes.

5. Sentir las emociones plenamente

Sentir las emociones a medida que pasan por nuestro cuerpo físico y observarlas con atención e interés. Es una de las prácticas espirituales más intensas que podemos hacer. Según la

Real Academia Española, la definición de emoción es "una alteración del ánimo intensa y pasajera, agradable o penosa, que va acompañada de cierta conmoción somática" y la segunda definición dice que una emoción es "un interés, generalmente expectante, con el que se participa en algo que está ocurriendo". Por definición, una emoción es pasajera. Así, el miedo, la tristeza, la incomodidad, la pasión y la alegría son todas emociones pasajeras por su propia naturaleza.

Las emociones y los sentimientos son mensajeros de información y mecanismos de retroalimentación que le proporcionan al cuerpo información sobre la realidad externa. No son buenos ni malos. Simplemente son informaciones neutrales, a menos que nosotras decidamos lo contrario y les pongamos nuestras creencias encima y convirtamos la emoción en "buena" o "mala".

Cuando perdemos esa conexión de presencia plena con nosotras mismas, tendemos a ver estas emociones pasajeras y apegarnos a ellas. Las convertimos en un sentimiento, al cual todo el cuerpo reacciona y así afectamos su nivel de vibración. Cada emoción tiene la habilidad de acercarte o alejarte de tu verdadera naturaleza y te proporciona información para darte cuenta de cuán presente estás en esta experiencia.

Permitámonos sentir las emociones que fluyen por nosotros, sin tratar de controlarlas, suprimirlas o apegarnos a ellas. Estar presentes en lo que nos está ocurriendo en el plano emocional es aceptar que vamos a tener emociones positivas y negativas y que ambas son necesarias, pero que son pasajeras. Dejemos que estas emociones salgan a la superficie y observemos lo que ocurre cuando pasan, sin juzgarlas; solamente sintamos lo que está ocurriendo en el cuerpo físico.

6. Regresar a la naturaleza

La naturaleza es la expresión de la creación pura de la divinidad. Nos desintoxica, nos ayuda a soltar emociones, nos recarga, nos brinda energía y nos ayuda a descubrir aspectos escondidos detrás de los pensamientos o las creencias que tenemos de la vida. Además, es perfecta y nos ayuda a conectarnos con nuestra divinidad, nos recuerda de dónde venimos y hacia dónde vamos. Ella es un espejo en el que podemos ver nuestra Verdad y también aquellas cosas que tenemos escondidas o el lado oscuro de cada una.

Hay muchas formas de trabajar con la naturaleza para sanar y regresar a nuestro centro. Recomiendo salir a caminar, meternos al mar, caminar por la playa, apreciar un atardecer, la luna, las estrellas o inclusive hacer algo muy sencillo: abrazar un árbol o contemplar un pájaro.

La naturaleza es perfecta: sumerjámonos en esa emoción. Convirtámonos en ese árbol y sintamos cómo sus raíces se expanden en la tierra o sintamos la libertad de las aves al volar por el cielo o la serenidad que transmite un búho. Reconozcamos ese aspecto crudo y animal en nosotras mismas que nos forma parte de esta naturaleza, porque somos un animal más en esta jungla tan perfecta. Los sonidos de la naturaleza son también nuestros sonidos y su silencio perfecto está presente en cada pájaro, en cada hoja y en cada animal. En presencia de la naturaleza veremos nuestro reflejo y el de todos nuestros aprendizajes. Somos eso mismo que estamos observando.

7. Utilizar un altar o un espacio sagrado

Un altar es un espacio designado para rendir devoción a algo sagrado. Puede ser pequeño e incluir una foto o convertirse en un altar más elaborado con diferentes objetos. Los altares nos recuerdan aquellas cosas que son importantes y nuestra divinidad. Recomiendo tener varios en nuestra casa, por ejemplo, una foto en un lugar especial o unas velas en nuestra habitación. Cada vez que pasemos al lado, observemos nuestro altar y reconozcamos la divinidad en él y en nosotras.

Un altar de meditación es un espacio sagrado en donde entregamos algo a un Ser Superior. Cuando ofrecemos a un altar, estamos entregando a nuestro Ser Superior nuestras preocupaciones, miedos o bloqueos, sin analizarlos ni juzgarlos. Muchas veces hemos oído la frase "lo que pones en un altar, se altera", porque el altar permite que entreguemos todo a un Ser Superior para que nos ayude a crear un milagro. Cuando entregamos algo a un altar, se lo estamos entregando a Dios para que Él lo transforme de la mejor forma posible para nuestra vida. En un altar no solo tenemos que entregar nuestras preocupaciones; también podemos entregar todo aquello que agradecemos y que nos proporciona felicidad en la vida.

Crear un altar sagrado en nuestro hogar puede servirnos como un lugar para meditar o simplemente convertirse en un refugio especial a donde podemos regresar cuando queramos relajarnos y recordar nuestra esencia. Este lugar será un recordatorio inmediato de aquellas cosas que son importantes para nosotras y tenerlo nos mostrará que nuestra práctica de meditación es algo que debería ser sagrado.

Lo más importante que tenemos que tomar en cuenta a la hora de crear nuestro altar es que todo aquello que pongamos en él tiene que tener la energía del amor. Podemos ubicarlo en un lugar silencioso en el que haya paz inclusive cuando no estemos meditando, como una habitación por ejemplo. Intentemos que no sea un lugar muy transitado. También cuidemos quiénes se acercan a él o tocan los objetos, ya que es posible que su energía no está alineada con la nuestra o con nuestras intenciones y nuestro altar la absorberá.

¿Cómo crear un altar?

- **Paso 1:** decidir para qué queremos un altar y los objetos que pondremos en él.

  Cerremos los ojos y pensemos por qué nos gustaría tener un altar. Mi intención fue crear un lugar que pudiera ver en las mañanas y que me diera ganas de sonreír. Quería un sitio que me ayudara a tener una práctica de meditación regular y un espacio con lo que representara algo para mí. Luego, debemos elegir qué objetos queremos poner en él. Cada uno debe tener un significado especial y una intención. Cuando tomemos un objeto del altar, sintamos su energía y apreciemos lo que significa para nosotras. Inclusive podemos poner una palabra sobre los objetos, un valor que nos guíe en el camino.

Podemos organizar los objetos a nuestro gusto, sin preocuparnos por tener todo perfecto. Lo importante es que nos guste y que nos inspire a meditar y a conectarnos con nosotras mismas. Los altares pueden crearse con una intención específica. Si tenemos una intención clara, como conectarnos con la espiritualidad o agradecer por las bendiciones en la vida, podemos usar los elementos que nos conecten y relacionen con eso.

- **Paso 2:** encontrar un espacio propicio en donde ponerlo.

    El lugar en el que ubiquemos nuestro altar debe ser un espacio callado y privado. Una vez encontremos el espacio, es importante separarlo energéticamente del resto de la habitación. Podemos poner una mesa dedicada solo al altar en una esquina por donde no pasen muchas personas. Esto delineará el espacio y separará nuestro altar del resto de las actividades de la casa o la habitación.

    Es importante que nuestro altar tenga su espacio para existir seguro. Estamos poniendo nuestra energía e intención en este espacio físico, por lo que esto se debe honrar. Mantengamos el espacio limpio, tanto de polvo como de malos pensamientos. Para limpiar la energía alrededor, podemos quemar palo santo o incienso por encima una vez a la semana.

- **Paso 3:** utilizar el altar como parte de nuestra práctica de meditación: si utilizamos el altar con la práctica diaria de meditación, lograremos relacionarlo positivamente con una práctica activa de devoción. Esto nos ayudará a conectarnos mejor cuando meditemos, ya que tendremos un espacio que naturalmente asociamos con la relajación y con aquellas cosas que nos recuerdan el amor.

Para poner en práctica

El altar de tus sueños

Dibuja el altar de tus sueños. ¿Qué elementos son indispensables? ¿Qué colores te gustaría que se destacaran más? Recuerda que si crees en él, se hará realidad.

La necesidad de estar ocupadas

Pasamos tanto tiempo de nuestro día "haciendo" cosas, siendo productivas o con cientos de distracciones (como las redes sociales), que nos perdemos de lo que es verdaderamente importante y de lo que amamos. Si pasamos todo el día haciendo y haciendo cosas, nos perderemos en eso. Intentemos hacer una pausa y no hacer nada más que estar aquí presentes. ¿Qué sentimos en el cuerpo físico cuando paramos: ¿expansión o contracción? Regresemos a nuestros sentidos: ¿Qué colores vemos? ¿Qué olores hay en el ambiente? ¿Qué están experimentando mis sentidos? Honremos la práctica de no hacer nada. Relajémonos allí en ese espacio con amor y compasión.

¿Nos juzgamos por estar allí sin hacer nada o por no ser productivas en este instante? ¿Cuán gentiles somos con nosotras mismas en momentos de silencio? Mantengamos ese espacio de libertad unos minutos más. Luego regresemos a nuestro cuerpo físico aquí y ahora, con ese nuevo sentimiento de presencia.

LA PROTECCIÓN DE LA ENERGÍA Y LOS LÍMITES SANOS

A diario estamos expuestas a la energía de otras personas, a sus pensamientos y a sus actos, sean positivos o negativos. Cuando interactuamos con otra persona, nuestro campo energético se conecta y procesa la energía del otro, si esta energía es negativa, nuestro campo puede contaminarse. Por ejemplo, cuando oímos las historias, las creencias y los pensamientos de otras personas, recibimos una carga energética muy fuerte. Si esta carga es positiva, nos vamos a sentir alegres y cargadas y si es negativa, nos sentiremos cansadas, vacías, sin energía física y confundidas. Cuando esto ocurre, comenzamos a experimentar los efectos de energía que no es nuestra o sentimos que salen a luz aquellas áreas de nuestra vida que no hemos sanado todavía y nos hacen sentir incómodas.

La protección energética consiste en cuidar la energía alrededor de nosotros. Cuando perdemos nuestra energía podemos sentirnos desmotivadas, cansadas o abrumadas. Proteger nuestra energía es simplemente asegurarnos de que no ingrese nada que no queremos en nuestro campo energético. Esto lo lograremos manteniendo lejos a las personas que absorben nuestra energía positiva, que nos llevan abajo o que viven de la negatividad. Es importante dejar claro que las personas que nos "contaminan" energéticamente no son "malas"; simplemente no controlan la cantidad de energía negativa que comparten con el mundo o están pasando por un mal momento y necesitan soltar sus emociones. Aprendamos a tener compasión por ellas y a darles amor, pero de una manera en la que cuidemos nuestra energía también.

Para protegernos energéticamente, tenemos que estar muy conectadas con nosotras mismas y tener la habilidad de discernir cuando un sentimiento o un pensamiento es nuestro o es el resultado de la energía que hemos absorbido. Todo comienza al conocernos y observar nuestros ritmos, nuestras formas de pensar, cómo nos sentimos frente a ciertas situaciones, nuestros patrones emocionales y lo que nos hace sentir incómodas.

Si logramos observar las situaciones desde afuera, con presencia y conciencia, veremos que es posible ayudar a las personas con energía negativa a liberarse, sin absorberla. Esto se hace al traer amor y compasión a la conversación, con respeto y mantener claros nuestros límites. Recordemos que no ganamos nada si bajamos nuestra energía para estar al mismo nivel que otras personas; todo lo contrario: ayudamos más cuando logramos mantenernos vibrando alto en cualquier situación.

Los límites energéticos son necesarios. El amor por nosotras mismas, la compasión y la expresión máxima de nuestro Ser no pueden existir sin límites sanos. Nuestra energía nos pertenece y nosotras decidimos a quién y cuándo la entregamos. Cuando entregamos nuestra energía libremente por el mundo, sin establecer los límites de respeto por nosotras mismas estamos violando las leyes de nuestro campo energético y nuestro poder personal. Somos mujeres con todos los derechos, no solo legales, sino también los energéticos. Establezcamos límites claros, respetemos nuestra energía y aprendamos a decir "no" cuando algo no está alineado con nuestros valores o con la persona que queremos ser. Protejamos a nuestro corazón y a nuestra niña interna. Nadie más lo va a hacer por nosotras. Repitamos el mantra "mi energía me pertenece y soy libre de escoger con quién la comparto" y sintonicémonos con la energía a nuestro alrededor. Descubramos lo que nos hace sentir bien energéticamente y conectémonos con eso.

Aprendamos a poner límites y a proteger nuestra energía. Es una de las cosas más importantes que podemos hacer por nuestra salud y nuestro bienestar. Nos ayudará a aumentar nuestro sistema inmune, evitará que nos sintamos cansadas todo el tiempo, nos traerá paz mental y nos ayudará a conectarnos mejor con nosotras mismas.

LA VIBRACIÓN DEL HOGAR

Nuestra casa o nuestro hogar son un reflejo de nuestra vibración y un sostén de nuestra energía. Es el espacio en el que dormimos y nos relacionamos íntimamente, lo que lo hace igual de importante que otras áreas de nuestra vida. Pasamos muchas horas de nuestra vida en ese espacio. Es nuestro lugar seguro, en el que podemos ser nosotras mismas y soñar. Nos apoyamos en manifestar la vida que queremos crear, nos cobija cuando tenemos miedo y nos da soporte cuando lo necesitamos. Vibra al nivel que vibramos nosotras. Absorbe nuestras energías negativas y brilla cuando estamos felices.

Nuestro hogar es una extensión directa de nuestra luz, porque es nuestro lugar seguro de expresión y porque nos da el apoyo energético cuando regresamos de un día largo y mientras dormimos. Este espacio desempeña un papel importante en nuestra vibración diaria y también en nuestra capacidad de sentirnos cómodas y apoyadas frente a la vida.

Un hogar que vibra alto nos puede ayudar manifestar una vida más abundante, a sentirnos más relajadas y en paz. Nos ayudará también en nuestras prácticas de meditación, en nuestros niveles de paz y tranquilidad y también en las relaciones con los otros miembros de nuestra familia. Nos da calidad de vida y vitalidad. Un hogar que vibra bajo puede hacernos sentir más estresadas, abrumadas o que las relaciones en nuestra casa no fluyen. Notaremos la diferencia apenas entremos al espacio: sentiremos que nos quita energía y vitalidad.

Por suerte, la vibración del hogar es algo que podemos cambiar y depende de nosotras. Aquí doy algunos consejos para que podamos subir la vibración de nuestro hogar y que sintamos esa paz y tranquilidad cada vez que ingresamos a él.

Algunos consejos para subir la energía de nuestro hogar

Limpiemos el espacio energético: hay muchas formas de limpiar un espacio energético y subir la vibración del hogar. A mí me gusta quemar palo santo, incienso o velas todos los días. También podemos poner música con una vibración alta (en realidad, cualquier tipo de música ya cambia el ambiente y hace que se mueva la energía). Abramos las ventanas y dejemos que la energía fluya. Recordemos que la energía estancada es lo peor que hay, así que dejemos que fluya el aire y que entre la luz del sol y el aire al espacio.

Utilicemos plantas y flores para traer vida: las plantas son vida. Nos ayudan a purificar el aire y alegrar el ambiente y traen color y belleza al espacio. A veces las casas se vuelven espacios muy cerrados, especialmente si vivimos en un apartamento. Las plantas nos recordarán la importancia de conectarnos y regresar a la naturaleza.

Pongamos atención a los detalles: la atención sobre los pequeños detalles son un reflejo de nuestro amor y demuestran que nos importa nuestro hogar y que le estamos prestando atención. Si hay algo que no funciona, tomemos el tiempo de arreglarlo. Si hay algo que ya no nos sirve, busquemos una forma de donarlo. Prestemos atención a los detalles, incluidas las bendiciones que a veces pasan desapercibidas. Si vemos que hay un rayo de luz que cada mañana entra por una ventana, detengámonos para observarlo. Abramos los ojos a las bendiciones que ya están en nuestro hogar.

Regalemos lo que no sirve y simplifiquemos. No es necesario llenarse de cosas innecesarias: las cosas viejas que no se mueven o que no sirven estancan la energía. Busquemos una forma de sacarlas de nuestro espacio. Vivamos en un lugar que nos haga sentir abundantes, libres y con fluidez. Sigamos ciertas reglas de la organización, como por ejemplo, limpiar nuestro clóset cada seis meses y no guardar papeles viejos que no sirven o cosas que no necesitamos. Permitamos que nuestro hogar sea un reflejo de nuestro estado interno de abundancia y de expansión. El consumismo extremo de cosas innecesarias es una de las principales razones de la destrucción y contaminación del ambiente. Antes de comprar preguntémonos si es algo que realmente necesitamos o si solo nos gusta, pero no es necesario tenerlo. Este hábito es bueno, no solo para la energía del ambiente, sino también para la conservación del planeta.

Mantengamos el orden y la limpieza: una casa sucia simboliza energía vieja y estancada que nos quita calidad de vida. Saquemos la basura, mantengamos el orden y cuidemos la limpieza. Así como nos duchamos a diario y lavamos la ropa, el hogar también necesita de esa limpieza diaria.

Dediquémosle amor a este espacio: nuestra atención es amor, así que prestémosle atención a nuestra casa. ¿Cómo se podría mejorar? Tomemos tiempo para ir a comprar unas plantas, un cuadro para un espacio en el que haga falta amor o pintemos una habitación. Quizás podamos dedicar una tarde al jardín o a ordenar el depósito. Abramos los ojos y prestemos atención a nuestro entorno, ¿podríamos mejorarlo? ¿Qué necesita de nosotras? Si tenemos hijos, pidámosles que ayuden en actividades de limpieza o proyectos como pintar la casa, crear un jardín, reacomodar la habitación; así estaremos enseñándoles también la importancia de cuidar el hogar.

Agradecer y honrar a diario el espacio en el que vivimos: mantengamos un altar o un espacio en nuestro hogar que nos recuerde lo que es importante en nuestra vida. No tiene que ser religioso; puede ser inclusive algo sencillo como una mesita con unas fotos de nuestros hijos o de nuestros padres y una vela. Si tenemos pequeños altares y esquinas sagradas en nuestro hogar, tendremos recordatorios constantes de las cosas que son importantes y que nos hacen sonreír y vibrar alto, que hacen que nuestro corazón emane amor, que vibre alto... Y eso hará que nuestro hogar también vibre alto.

Nuestro hogar no es solo el lugar al que llegamos a dormir. Es mucho más que eso: es un templo que debe ser honrado. Nos entrega tanto amor a diario, nos sostiene energéticamente y nos da un espacio seguro como ningún otro. Si lo honramos como tal, notaremos que nos sube la energía apenas ingresamos a él y esto puede transformar nuestra vida también.

Capítulo 8

COMPROMISO CON EL MUNDO EXTERIOR

Sostener el espacio energético de una persona
Def. Estar presente en su experiencia, oír o sentir dónde está,
sin juzgar, sin analizar, sin querer cambiarla y sin dar consejos.

Todo es energía

Sabemos que absolutamente todo en este mundo es energía; esa es la base de nuestra existencia. Toda la materia que conocemos está creada por vibraciones, desde una silla hasta nuestro cuerpo físico y son nuestros pensamientos y emociones los que vibran y emiten una frecuencia, para crear lo que vemos alrededor y la experiencia que estamos viviendo.

A pesar de que muchas veces creemos que estamos separadas por nuestro cuerpo físico, esto no es más que una ilusión porque el intercambio de energía se produce en todos los niveles y por lo tanto no hay "separación". Se trata simplemente de la misma energía vibrando en frecuencias distintas. Así, cuando nos damos cuenta de que todo está en constante interacción, nos hacemos conscientes de que nuestra realidad ha sido creada por aquello que le entregamos al mundo. La frecuencia de la energía que le entregamos al Universo se ve reflejada en nuestra realidad actual, y es aquí donde nos damos cuenta de que lo que vemos es un reflejo de un aspecto interno nuestro.

Este último paso del proceso de transformación es quizás el más difícil de entender con la mente racional, porque implica reconocer muchas verdades, entre ellas, que somos las responsables de la realidad que creamos y así como tenemos ese poder de creación, tenemos el poder de destruirla. No somos víctimas del entorno, somos mujeres maravillosas que vinimos a explorar lo que es vivir en un mundo lleno de lecciones en cada esquina. Con una mente de principiante, vinimos a aprender y a encontrar nuestro propio camino individual. Todo lo que nos ocurre en la vida es una bendición, inclusive las cosas que percibimos como malas, porque nos enseñan a cuidar mejor de nuestra energía y a ser responsables de nuestro proceso.

En la correspondencia del mundo (así como es adentro es afuera) está la clave para el mundo que queremos ver. Es por esto que dicen que si no nos amamos a nosotras primero, no podemos realmente amar a nadie más, porque todo empieza por uno mismo, incluido el cambio que queremos ver en el mundo. Cuando nos permitimos fluir con la vida, observamos atentamente todo lo que ocurre alrededor y cuestionamos qué está pasando en nuestro Ser, nos encontramos con la verdad de todo. En el silencio interno están las respuestas a todas las preguntas, incluso las que no creíamos tener. Nuestra tarea es regresar al amor divino una y otra vez, con un compromiso diario de entrega al mundo y un reconocimiento de la divinidad en todo.

En algún momento podemos sentir que las cosas en nuestra vida no fluyen o nos sentimos desconectadas de la fuente. En ese momento debemos revisar nuestras premisas y el compromiso con las prácticas diarias de devoción. Absolutamente todo en nuestro entorno es un reflejo de algo dentro de nosotras mismas, por lo que cuando hay algo que no está alineado, tenemos que regresar a nuestro centro y explorar cómo nos hemos desviado del amor. Probablemente hay algo que no esté alineado con nuestros valores, deseos, sentimientos o quizás hayamos abandonado nuestra práctica diaria espiritual. Corregir esto es muy sencillo. Solamente tenemos que respondernos: ¿En qué momento me separé de mí? Después debemos tomar la decisión consciente de regresar a la divinidad. Este es un paso pequeño, pero muy importante.

La vida está hecha de pequeños momentos y son las cosas que hacemos en el día a día las que determinan quiénes somos y se convierten en nuestra realidad; lo que hacemos de vez en cuando son las excepciones de la vida. Si queremos ser plenas y vivir felices, abundantes y libres, tenemos que entregar eso que deseamos al mundo. En nuestra capacidad de entregar aquello que deseamos está nuestra capacidad de recibir absolutamente todo.

Las lecciones que vinimos a aprender en esta vida siempre están en las relaciones con el otro. Entreguemos con humildad la necesidad de ser aprobadas, el orgullo, el egoísmo y el afán por acumular cosas materiales a costa de los demás, a cambio de la libertad de vivir en el mundo que soñamos. La vida nos entregará todo lo que deseamos cuando tengamos la valentía de rendirnos ante otros con admiración y humildad. Allí veremos que en realidad nos hemos rendido ante la divinidad. En este camino no hay nada que luchar, aparentar ni demostrar, porque todos jugamos en el mismo nivel y estamos entrelazados de tal manera que la mente jamás podría comprender. El mayor bien que podemos hacernos a nosotras mismas y al mundo es dedicar nuestra vida a la entrega en devoción al servicio de otros. Este es un regalo que le entregamos al mundo y que se nos será devuelto en proporciones más allá de lo que jamás imaginamos.

CÓMO RECONOCER LA DIVINIDAD EN OTROS

A veces puede ser difícil reconocer la divinidad en algunas personas, especialmente en aquellas que han sido difíciles o que nos han enseñado grandes lecciones. Muchas veces me preguntan cómo se puede encontrar la divinidad en seres difíciles como una pareja que nos hirió, un padre o una madre que han cometido abusos o inclusive un terrorista. Aunque parezca difícil reconocerlo, esa persona nos ha entregado un regalo. Nos ha dado la oportunidad de perdonar y de conocer el verdadero amor divino.

Todas las personas en nuestro camino vinieron a enseñarnos lo que teníamos que aprender. Nos enseñaron a ver a las personas difíciles con ojos de amor de Dios y a no juzgarlos. Nos enseñaron a entender que no somos superiores ni inferiores a ellos. Nos brindaron la oportunidad de sanar nuestro propio dolor. Enviar amor incondicional no es justificar ni aceptar los actos de otros, sino tomar el camino más noble y apostar por un futuro mejor.

Enviemos amor en todo momento, inclusive a aquellos que nos hacen daño o nos desean el mal. Los sentimientos negativos de rabia, envidia o rencor solamente serán devueltos a nosotras mismas. Un sentimiento negativo sobre otro negativo nunca hizo uno positivo. Si queremos elevar la frecuencia nuestra y del mundo, tenemos que hacer el trabajo interno de perdonar, sanar y enviar pensamientos de amor.

PARA PONER EN PRÁCTICA

EJERCICIO DE PERDÓN

Cuando estés frente a una persona con quien te cueste relacionarte o sientas que no puedes perdonar, realiza el siguiente ejercicio:

Cierra los ojos por unos minutos y trae un sentimiento de amor profundo por ti misma al corazón. Luego, como observadora de esta situación, trae a esa persona a tu mente e imagina que la estás mirando con ojos de amor, con los mismos con los que la ve Dios. Si te cuesta hacerlo de esta forma, imagina que esa persona tiene padres o familiares que la aman profundamente. Imagina ese amor. Luego observa la inocencia en esa persona. No conoces sus sufrimientos ni su dolor. Entrégale compasión y envíale amor. Reconoce que esa persona tiene una luz igual que tú. Luego, respira profundo y abre los ojos. Habrás cambiado tu percepción sobre esa persona y habrás abierto el camino hacia el amor.

NO ES NUESTRO TRABAJO CAMBIAR A LAS PERSONAS

El proceso de transformación es maravilloso y, como hemos podido experimentar en este libro, se puede llegar a sentir paz, amor y serenidad en todas las etapas del camino. Al conectarnos con nuestra luz, lograremos brillar y nos sentimos poderosas y felices. Esta sensación es contagiosa y otros podrán reconocerla al vernos caminar. Inevitablemente se preguntarán qué hicimos para vernos con más brillo o con más paz y serenidad. En ese momento llegará la oportunidad de compartir las herramientas que hemos aprendido y que nos ayudaron a llegar hasta aquí.

Compartir nuestro camino es un acto de amor enorme que traerá miles de bendiciones sobre el mundo y cambiará muchas vidas, pero el verdadero compartir se hace sin esperar nada a cambio. Cuando ayudamos a otra persona o compartimos lo que a nosotras nos ha ayudado en nuestro camino, tenemos que hacerlo dejando ir las expectativas. No todos aceptarán lo que deseas compartir ni estarán abiertos a escucharte y eso está bien. Quizás tampoco respondan como deseamos o no estén de acuerdo con nuestra visión del mundo y eso está bien también.

Compartamos sin interés, simplemente por entregar al mundo bienestar. Dejemos ir la necesidad de controlar o de que el resultado sea como nosotras deseamos. Cada una tiene un camino único por recorrer, con sus propios retos y bendiciones. Nuestro camino es personal, no es el de nuestros seres queridos ni el de las personas que desearíamos que actuaran distinto o de quienes juzgamos por sus actos. Ellos tienen su propio camino sagrado también. No podemos obligar a otros a meditar, a comer sano o a querer conectarse con la divinidad. Esta decisión es personal y cada quien debe tomarla en el momento indicado. Nuestra misión es ser un faro de luz que le ilumina el camino a otros, pero que siempre se mantiene firme en su centro, sin ceder ni cambiar la dirección de su luz. Los que están buscando apoyo o consejos llegarán a nosotras y en ese momento podremos compartir con amor y sostener su espacio energético de transformación.

CÓMO SOSTENER EL ESPACIO ENERGÉTICO DE OTRA PERSONA

El camino de transformación nunca lo recorremos solas. Existen seres de luz que nos acompañan en todo momento y que sostienen nuestro espacio energético para que enfrentemos los cambios y las transformaciones que vinimos a vivir. Así como otros nos ayudan sosteniendo nuestro espacio energético, nosotras debemos apoyar a otras personas.

Sostener el espacio energético de una persona significa estar presente en su experiencia, oír o sentir dónde está, sin juzgar, sin analizar, sin querer cambiarla y sin dar consejos. Simplemente al estar ahí presente, desde el centro de nuestro Ser y siempre conectadas con el espíritu y la presencia divina. Es reconocer que la otra persona tiene su camino sagrado y que todas las respuestas ya están allí, en su silencio interno; por lo tanto nosotras no tenemos que ofrecer nada más que nuestra presencia y atención plena.

Algunos ejemplos de seres o energías que sostienen nuestros espacios energéticos son los ángeles, los libros de grandes maestros, las maestras y guías espirituales o inclusive un familiar. También están esos "ángeles humanos" que aparecen casi por coincidencia en nuestra vida en el momento perfecto con un consejo o unas palabras de amor. Ellos también sostienen nuestra energía mientras liberamos aquello que tiene que nacer.

Sin siquiera saberlo, nosotras podemos ser o estar sosteniendo el espacio energético de una persona. No tenemos que ser *coach*, psicólogas ni guías espirituales para sostener el espacio energético de alguien y apoyar la transformación de esta persona en el mundo.

ALGUNOS CONSEJOS PARA SOSTENER EL ESPACIO ENERGÉTICO DE OTRA PERSONA

Seamos un faro de luz: es importante mantenernos presentes en todo momento en la experiencia del otro desde el centro de nuestro Ser, siempre conectadas con nuestro espíritu y la presencia divina. Como dice Marianne Williamson: "Cuando brillas le das permiso a otros a hacer lo mismo". Al sujetar el espacio energético de otra persona, hagámoslo desde nuestra propia presencia. No es necesario disminuirnos para que la otra persona se sienta mejor y no tenemos que sentirnos drenadas de energía después de la interacción. Nuestra luz nos pertenece y nosotras decidimos a quién se la entregamos. Seamos un faro de luz que ilumina el camino de otros desde nuestro centro.

Mantengamos la atención plena en el momento: uno de los grandes regalos que podemos entregar a otros es nuestra presencia y atención. La atención es amor y, como sociedad, hemos perdido la capacidad de escuchar activamente y de estar presentes en las experiencias. Para sujetar un espacio energético, tenemos que estar ciento por ciento presentes en la experiencia de esa persona y escucharla con empatía y amor. Hagamos el ejercicio de escuchar plenamente, sin pensar en qué vamos a decir después, sin estar preocupadas por dónde tenemos que ir o qué tenemos que hacer, sin interrumpir para contar lo que a nosotras nos ha pasado similar, sin traer la conversación de vuelta a nosotras y sin distracciones tecnológicas (por más difícil que esto parezca). Es estar presente y escuchar con atención lo que la otra persona nos está comunicando.

Escuchemos sin juzgar ni analizar el camino del otro: sostener el espacio de transformación de otra persona significa que estamos permitiendo que esa persona sea ciento por ciento auténtica, real y que pueda expresarse libremente con nosotras, sin miedo a que está siendo juzgada o analizada. Cuando juzgamos o analizamos, estamos poniendo nuestras creencias y prejuicios en la historia de la otra persona, por lo que estamos bloqueando la energía de transformación que quiere salir para transformarse.

Limitemos los consejos: muchas veces las personas vienen a nosotras a pedirnos consejos, pero en realidad lo único que quieren es que alguien las escuche. La verdad y las respuestas para todos los problemas siempre están dentro de ellos. Cuando escuchamos abiertamente, estamos permitiendo que la otra persona se exprese libremente y encuentre sus propias respuestas. Si damos consejos sin escuchar, estamos orientando a la persona hacia lo que nosotras creemos que es lo correcto, pero quizás ese es el camino de esa persona. Sostener un espacio energético, tal cual dice la frase, significa sostener, no dirigir ni controlar el espacio de transformación. Un buen ejercicio para realizar es preguntarle a la otra persona: ¿Te gustaría que te dé mi consejo? Si ella acepta, podemos compartir nuestra opinión. Si dice que no, no lo tomemos personal; quizás solo quiere que la escuchemos por un momento.

Saquemos nuestro ego de la ecuación: cuando escuchamos a otra persona, muchas veces viene a nuestra mente una opinión sobre lo que debe o no hacer. Quizás sintamos el deseo de entrar y de cambiar la situación, pero lo que debemos hacer en realidad es sacar nuestro ego de la ecuación. Esto no se trata de nosotras ni de lo que creemos que es correcto o incorrecto; se trata de permitir que la otra persona pueda expresarse libremente y que podamos entregarle amor, compasión y energía de sanación. Si creemos que la otra persona está actuando mal o que nosotras lo haríamos diferente, simplemente enviemos amor y pidamos que su camino sea iluminado para que la situación se resuelva de la mejor manera para todas las partes involucradas.

Confiemos en la luz: llegamos al final de este camino juntas. Hemos vivido una historia de amor con nosotras mismas y estamos disfrutando el regalo más grande que nos pudo haber entregado la vida, que es poder conocernos mejor. Estamos vivas y tenemos la gran oportunidad de explorar y de experimentar el cielo aquí en la Tierra. Este camino es largo y muchas veces he caído en la trampa de creer que puedo hacerlo sola. He llegado a pensar que a nadie le interesa lo que yo tengo que compartir, que el mundo no tiene tiempo para mí o que estoy sola en este mundo porque todos están muy ocupados con su vida.

Nunca estamos solas. Siempre, no importa a donde vayamos, llevamos a la divinidad con nosotras y podemos pedir su apoyo y ayuda. La fe es el motor de este camino y no tenemos que cargar con todos nuestros problemas, dolores o preocupaciones solas. Permitamos que otras personas nos apoyen y que la divinidad nos quite este peso de encima para que podamos transitar por este mundo más livianas. No debemos cargar con el dolor o la tristeza en soledad: hay seres de luz que pueden ayudarnos a hacer este proceso más fácil y a mostrarnos el camino hacia la paz. Hay una presencia allí para ayudarnos en todo momento. En este libro hemos aprendido muchas técnicas para conectarnos con los ángeles y con nuestra alma; utilicemos todas estas herramientas que tenemos para sentirnos más acompañadas y encontrar el camino único nuestro.

Mi práctica favorita del día es pedirle ayuda a los ángeles y a los seres de luz que se encuentran a nuestro alrededor; muchas veces no podemos verlos, pero sí podemos sentirlos. Ellos están aquí para entregarnos guía, apoyo y protección y su poder es mucho más grande de lo que creemos. Si tenemos un problema o un dolor muy grande, podemos pedirles a los ángeles que nos ayuden a liberarnos de ese sentimiento. Puede ser a partir de una oración que comparto a continuación:

"Queridos ángeles: les pido que ingresen a este espacio y que me acompañen en este momento. Siento (describe la situación por la que estás pasando) y les pido que me ayuden a ver esta situación diferente y a levantar este sentimiento de tristeza/angustia/preocupación de mí. Gracias".

No hay orden de dificultad en los milagros y los seres de luz pueden ayudarnos con todos nuestros problemas. Ninguno es demasiado grande para ellos; solo tenemos que confiar. Cuando entregamos nuestras preocupaciones a los seres de luz, lo hacemos con fe y con la confianza de que pueden ayudarnos. Esto nos traerá una paz y serenidad que solamente la divinidad nos puede traer.

En este libro les compartí todas las herramientas que me han ayudado en mi camino personal. Es hora de despedirme, pero sé que las despedidas no existen en este mundo energético. Siempre continuamos en comunicación y de alguna forma u otra volveremos a encontrarnos en algún lado del mundo o quizás en otra realidad. Además, sé que las dejo, pero que estarán muy bien acompañadas por la luz y el amor. He disfrutado tanto compartir este camino con ustedes… Me despido con gratitud y con todo mi corazón deseo que puedan experimentar la paz y el amor divino todos los días de sus vidas.

AGRADECIMIENTOS

Siento un profundo sentimiento de amor y gratitud cuando escribo estas líneas. No puedo evitar llorar y darme cuenta de que las palabras se quedan cortas para describir todo el amor que he recibido en mi vida. Doy gracias a la vida por darme la oportunidad de poder compartir mi camino con miles de mujeres y por ayudarme a sanar en el proceso. Todo lo que he vivido me ha ayudado a llegar a donde estoy hoy y vivir esta vida es un sueño hecho realidad.

Gracias a Laura Gómez por confiar en mí y permitir que más mujeres puedan conocer Mujer Holística. Eres un ángel que apareció por medio de un mensaje de Facebook y esas cosas son las que hacen que toda mi historia sea más especial aún.

Este libro no sería posible sin todas las personas que me han apoyado en el camino. Todo mi amor para Aura y para mi papá, por su amor incondicional; son lo mejor que tengo en mi vida y los amo con todo mi corazón. A mis hermanas, a Turi y a Kristin, gracias por ser parte de mi vida y por su apoyo con el libro; los quiero. A mi ángel de cuatro patas, gracias por enseñarme el amor incondicional. Tenerlos en mi vida me hace una persona muy afortunada.

A Elisa Markhoff por su apoyo y amor. Las palabras se quedan cortas, Elisa. Gracias. A todo el equipo de Mujer Holística, en especial a Rene, Gabi y Chisca por su esfuerzo diario;

son una parte importante de este proyecto y me ayudan a mantenerlo vivo y lleno de amor. Las adoro. A Nela, qué bendición tener a una persona como usted en mi vida; gracias. Marten: sin usted, Mujer Holística no sería lo que es hoy. No hay palabras que describan mi gratitud. A todo el resto del equipo y a todos los ángeles que he encontrado en el camino y que a lo largo de los años me han apoyado en mi proyecto, gracias desde el fondo de mi corazón. Soy muy afortunada de vivir esta vida rodeada de tanto amor.

A las seguidoras de Mujer Holística, gracias por compartir este camino conmigo y ayudarme a sanar. Es un honor conocer a mujeres tan increíbles todos los días.

A los ángeles y a Dios, mi eterna devoción y gratitud. No pude haber pedido una mejor vida. Gracias por estar conmigo siempre.

Conoce más acerca de Mujer Holística
en el siguiente enlace y únete a la comunidad de mujeres
que está transformando el mundo:

www.mujerholistica.com

Soy una mujer holística, María José Flaqué
se terminó de imprimir en el mes de febrero de 2019
en los talleres de Diversidad Gráfica S.A. de C.V.
Privada de Av. 11 #4-5 Col. El Vergel, Del Iztapalapa,
C.P. 09880, Ciudad de México.